跟着语文课本长知识

课本里的苏轼

王双启 ◎ 著

长江出版传媒　长江文艺出版社

图书在版编目（CIP）数据

课本里的苏轼 / 王双启著. -- 武汉 : 长江文艺出版社, 2025. 6. -- ISBN 978-7-5702-0730-5

Ⅰ. K825.6-49

中国国家版本馆 CIP 数据核字第 2025GM8582 号

课本里的苏轼
KEBEN LI DE SU SHI

图书策划：张远林
责任编辑：杨　阳　　　　　　责任校对：程华清
封面设计：陈希璇　　　　　　责任印制：邱　莉　韩　燕

出版：长江出版传媒　长江文艺出版社
地址：武汉市雄楚大街 268 号　　邮编：430070
发行：长江文艺出版社
http://www.cjlap.com
印刷：湖北新华印务有限公司

开本：710 毫米×970 毫米　　1/16　　印张：8.5
版次：2025 年 6 月第 1 版　　　　2025 年 6 月第 1 次印刷
字数：75 千字

定价：32.00 元

版权所有，盗版必究（举报电话：027—87679308　87679310）
（图书出现印装问题，本社负责调换）

认识苏轼

苏轼（1037—1101 年），字子瞻，号东坡，北宋眉州眉山（今四川眉山）人，是我国古代杰出的文学家、艺术家。

苏轼 22 岁考中进士，曾向仁宗皇帝上书《进策》等二十余篇，提出革新政治的系列主张。嘉祐六年（1061 年），出任凤翔签判，开始走上仕途。英宗朝，任职于史馆。神宗熙宁初年，王安石推行新法，苏轼认为急进，政见不能相合，上书反对。熙宁四年（1071 年），自请外任，出为杭州通判，后历任密州、徐州知州。在地方官任上，苏轼关心人民疾苦，赈济灾荒、兴修水利，办了不少实事。

神宗元丰三年（1080 年），御史官员从他的诗文中搜罗材料，牵强附会，说他讥讽皇帝、诋毁朝政，把他逮捕，制造了一起"文字狱"，史称"乌台诗案"。次年，被贬谪，"安置"在黄州（今湖北黄冈）。他以老庄哲学作为精神寄托，超脱豁达，又效仿陶渊明，垦荒躬耕，生活相当充实，文学、艺术创作取得了丰收。

哲宗元祐年间，高太后听政，司马光为相，尽废新法。苏轼被召还朝，任翰林学士。他主张对新法"较量利害，参用所长"，与一般旧党人物又不相合。于是，再次请求外任。

绍圣年间，哲宗亲政，苏轼被"安置"到岭南的惠州（今广东惠阳），又远谪海南岛的儋州（今海南儋州）。在困苦的生活中，他一直保持着开朗乐观的精神面貌，并且积极地进行创作。

徽宗即位之初，向太后听政，苏轼才从海南生还中原，可是，也就在他刚刚回到常州（今江苏宜兴）的时候因病去世了。

苏轼一生，从政约四十年，基本上是在新旧党争的旋涡中坎壈（lǎn）起伏地度过的，可是，在文学、艺术乃至其他文化领域，他却取得了很高的成就，为我们留下了丰富的文化遗产。

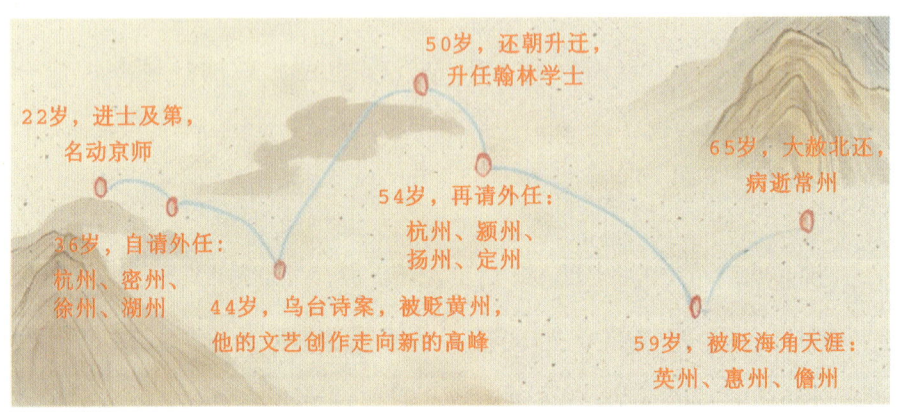

苏轼的人生轨迹

目　录

眉山三苏 / 1

乐善好施的苏序与游侠尚义的苏涣 / 2

浪子回头，求官不顺 / 3

两个儿子的名字大有讲究哦 / 5

"小苏"是个好弟弟 / 8

"三苏"齐名文坛 / 10

求学立志 / 12

幼年的苏轼，已显露"天分" / 13

老师和父亲都折服了 / 14

自然和社会，也是好老师 / 16

最怕天才也勤奋，有大志 / 17

名动京师 / 21

千里出川，难忘渑池 / 22

复试和殿试：欧阳修和皇帝都成了他的粉丝 / 23

在鲜花和掌声中，他没有晕头 / 25

西湖筑堤 / 28

策论中，已透露出他对"改革"的态度 / 29

重返汴京，新法如火如荼地在推行 / 31

厌倦官场险恶，自请外任杭州 / 32

他的诗，让西湖留名 / 34

治理民生也有声有色 / 36

治理西湖，惠泽万民 / 38

徐州抗洪 / 42

在密州，为民请命 / 42

《密州出猎》，开豪放之风 / 44

《风调歌头》，为豪放注入了自己的特色 / 47

徐州抗洪，身先士卒 / 49

乡风民俗，尽现笔底 / 51

乌台诗案 / 54

他在湖州，发了几句牢骚 / 55

罗织罪名的小人，已经在来抓捕他的路上 / 57

那些让他获罪的诗文 / 59

一场虚惊后，他被贬黄州 / 62

畅游赤壁 / 66

初到黄州，又惊又惧 / 67

向佛老寻求精神安慰 / 68

黄州绽放：《念奴娇·赤壁怀古》/ 71

黄州绽放：前后《赤壁赋》/ 74

书法瑰宝：《黄州寒食诗帖》/ 80

躬耕东坡 / 86

垦荒种地在东坡 / 87

"东坡草堂"落成 / 90

和陶渊明做朋友 / 91

翰林学士 / 95

途经庐山，写下了《题西林壁》/ 96

金陵：苏王之会 / 97

神宗驾崩，苏轼被召回京 / 100

一肚皮不合时宜 / 103

再请外任，又见杭州 / 104

在京城和外任地间来来回回 / 106

海角天涯 / 109

哲宗亲政，旧党不会有好日子了 / 110

被贬惠州，他依旧快乐 / 111

再贬，去海角天涯吧 / 114

海南的生活日常 / 117

与海南人民打成一片 / 119

他是海南的文化播种机 / 121

渡海北归 / 124

病逝常州 / 127

眉山三苏

眉山县城,古时候叫做眉州,地处四川南部、岷江西岸,是一个山川秀丽、物产富饶、民风淳厚的好地方。眉山之所以出名,是因为在九百多年以前那里曾出了父子兄弟三位著名的文人——"三苏"。父亲苏洵称"老苏",哥哥苏轼称"大苏",弟弟苏辙称"小苏"。其中以苏轼最为名声显赫。当时流传着两句歌谣:"眉山生三苏,草木尽皆枯。"意思是说,三位姓苏的文人把眉州的山川灵秀之气全都占用了去,致使那里的草木都生长不出来了。这歌谣当然不是实情,它是人们用奇特的想象,夸张的语言,对三苏的才学所表示的由衷赞叹。

苏氏,是眉山的一个较大的姓族,他们的祖先可以追溯到唐初的诗人苏味道。苏味道做过宰相,后被贬为眉州刺史,"眉山三苏"就是他的后裔。

乐善好施的苏序与游侠尚义的苏涣

　　苏轼的祖父苏序，是眉山乡里间颇有声望的人物。他年轻时乐善好施，常常丰年贮粟，荒年赈济邻里；晚年时候，经常作诗自娱。他有一定的文化修养，教子有方，以至于几个儿子都成名，此事曾誉满乡里。他有三个儿子：苏澹、苏涣、苏洵，长子曾中乡举，次子进士及第，幼子成古文大家。

　　苏轼的二伯父苏涣（唐朝有一位颇为奇特的、游侠尚义的诗人也叫苏涣）于宋仁宗天圣二年（1024年）考中进士。一人及第，乡里同荣，他回家的时候，"乡人皆喜之，迎者百里不绝"，"观者塞途"。后来，大文章家曾巩曾为苏序作"墓志铭"，文中提到教子成名之事，写道："涣以进士起家，蜀人荣之，意始大变，皆喜受学，及其后，眉之学者多至千余人，盖自苏氏始。"充分肯定了苏涣及第一事在眉山产生的倡导文风的作用。苏涣曾做凤翔宝鸡（今陕西宝鸡）主簿等地方官，所到之处都留下了好名声，被称颂为颇有汉代古风的循良之吏。

浪子回头，求官不顺

苏轼的父亲苏洵，少年时代就"智辩过人"，但他"游荡不学"，所以在科举考试上并不顺利，到了27岁，"遂绝意于功名而自托于学术"，"始大发奋"，研读诸子、史传。七八年后，经常觉得"胸中之言日益多，不能自制"，于是纵横议论发而为文章，完成了《几策》《衡论》等著作。48岁时，由张方平和雷简夫两位在四川做官的知名之士推荐，苏洵带领两个儿子一同出川进京，一来是送儿子应进士考试，二来也为自己找一找出路。到京之后，把荐书和著作呈给欧阳修和韩琦，大得称赏。当时欧阳修是翰林学士（掌管制诰诏令，是皇帝倚重的高级文官），韩琦是宰相，他们的赞许当然很有影响，于是，没有功名官职的"布衣"之士苏洵，一时之间就"名动京师"了。至此，苏洵20年的发愤苦学才算得到了收获。

欧阳修德高望重，在北宋文坛上居于盟主地位，又任"知贡举"（掌管科举考试与推荐人才）的官职，很能识拔人才。他一方面写信回复张方平，感谢他"所荐得人"，一方面把苏洵的文章著作献于朝廷，同时作了一篇《荐布衣苏洵状》，请求皇帝任

用苏洵。其中写道："眉州布衣苏洵，履（lǚ）行淳固，性识明达。亦尝一举有司，不中，遂退而力学。其论议精于物理而善识变权，文章不为空言而期于有用。"这几句话里，包含着"蓄道德能文章""先器识后文艺""学以致用"等内容，是对苏洵的高度赞赏和大力推荐。可是，因朝廷并非求贤若渴，再加上事务方面的耽搁，过了四年，才赏给了苏洵一个九品小官——试秘书省校书郎（试用的掌管文卷的小官）。接受这个职务，苏洵是经过了一番踌躇的，因为这与翰林学士的推荐并不符合，也与自己的期望相距太远。他在给韩琦的信中说："今洵幸为诸公所知，似不甚浅，而相公（宰相，指韩琦）尤为有意。至于一官，则反复迟疑不决者累岁。嗟呼！岂天下之官以洵故冗（rǒng）耶？"是因为多了一个苏洵，天下的官吏就变得又多又滥了吗？第二年即仁宗嘉祐六年（1061年），因为朝廷派下来一个编纂（zuǎn）礼书的差事，让苏洵参与，这才给他略加提升，安排了"霸州文安县主簿"的官衔，食其禄而不视其事。此时苏洵已经53岁，直到他58岁死去，没有再升官。

4

两个儿子的名字大有讲究哦

苏洵以文章著称，有《嘉祐集》二十卷。欧阳修称赞他的文章近似先秦的《荀子》，内容充实，论述明晰，纵横恣肆，气势磅礴。唐、宋时代的"古文运动"所追求的正是这种继承先秦、两汉优秀传统的文风。明朝人茅坤编选唐宋古文的时候，把苏洵列为"八大家"之一，进一步确定了他的成就与地位。

关于他的文章，从他的《名二子说》窥一斑可略知全豹。这是说明给他的两个儿子——苏轼与苏辙所起的名字含义的短文。原文是：

轮、辐、盖、轸（zhěn），皆有职乎车；而轼，独若无所为者。虽然，去轼吾未见其为完车也。轼乎！吾惧汝之不外饰也。天下之车莫不由辙，而言车之功，辙不与焉；虽然，车仆马毙，而患亦不及辙。是辙者，善处乎祸福之间也。辙乎！吾知免矣。

苏氏兄弟的名字都从"车"字偏旁，如何理解"轼""辙"二字

眉山三苏

呢？给他们二人起名字的父亲"老苏"作了很有意思的说明。他说：构成一辆车，轮子、辐条、上盖、下底，都有各自的职责，唯独拦在坐车人胸前用作扶手的那一条横木——轼，好像是没有用处的。然而，去掉轼，就算不得一辆完整的车了。也就是说，轼的职责是内在的、隐含的。他嘱咐大儿子说：轼呀！我担心的是你过分显露而不会掩饰自己。辙呢，天下所有的车都从辙上轧过，而讲到车的功绩，却从来不给辙算上一份——这倒也好，遇到车翻马死的灾难，辙也无须承受什么损失。所以说，辙是善于在祸福之间找到自己的位置的。他又嘱咐小儿子说：辙呀！我知道你虽然没有福分却是可以免除灾祸的，也就放心了。

这篇短文很巧妙地借名字作发挥，对两个儿子进行了为人处世方面的教诲。说来很巧，苏轼旷达不羁，锋芒外露，苏辙冲和淡泊、含蓄深沉，兄弟二人各自的性格，与"老苏"的《名二子说》倒也真是紧相契合！同时，从这篇短文中，我们也可以看到苏洵的文章善于议论说理的特点。附带说明一下名与字相关联的情况：苏轼字子瞻，是因为乘车的人总要凭轼向前观望；苏辙字子由，是因为车辆都要经由辙上通过。古人取名冠字的习惯正是要表达这种相关联的意义。

"小苏"是个好弟弟

苏辙被称为"小苏",比哥哥苏轼小三岁。兄弟二人从小一同读书求学,学成之后一同随父进京科考;嘉祐初年,父子三人同时名震京师,兄弟二人同科进士及第,一时传为美谈。苏辙是亦步亦趋地追随着他的哥哥一同成长起来的,开始做官以后,在几十年的宦海生涯中,仍然是随着他的哥哥一同升沉起伏,可以说,"小苏"就是"大苏"的影子。这兄弟二人之间,手足之情甚为笃(dǔ)厚。弟弟谈到哥哥,说"抚我则兄,诲我则师";哥哥谈到弟弟,说"岂独为吾弟,要是贤友生"。只要翻开他们的集子,看一看那大量的相互关怀体贴、相互问讯赠答的诗、文、书信,从中会感受到一种兄友弟恭的亲切与温馨。苏辙的年寿比哥哥长,后来做到尚书右丞,官也不比哥哥小,但在文学等方面的总体成就上,他是远远不能与哥哥相比的。可是,作为古文家,他并非靠着父兄的荫庇(bì)而列名于"三苏",凭着文章,他是完全可以自立于诗文之林的。

苏辙的文章,从他的《黄州快哉亭记》中,可以看出其美妙、精彩。文章的背景是神宗元丰年间,有个叫张梦得的,贬官到了黄州（今湖北黄冈），在那儿修筑了一座亭子，以便观览江山风景，苏轼为之命名曰"快哉亭"，苏辙为之作文。文章的后一段写道：

　　士生于世，使其中不自得，将何往而非病；使其中坦然，将何适而非快？今张君不以谪为患，窃会计之余功，而自放山水之间，此其中宜有以过人者：将蓬户瓮牖（yǒu），无所不快，而况乎濯（zhuó）长江之清流、挹（yī）西山之白云，穷耳目之胜以自适也哉？不然，连山绝壑（hè），长林古木，振之以清风，照之以明月，此皆骚人思士之所以悲伤憔悴而不能胜者，乌睹其为快也哉！

文章大意是说，人生在世，内心应该开朗豁达，假使自己想不开，那就到处都是烦恼，如果胸怀坦荡，不受外界的干扰，那么，快乐就会随时与你相伴。友人张梦得，不把遭受贬谪放在心上，利用他从事琐碎冗杂的公务的余暇，把悠然的心情寄托在山水之间，他这种生活态度，确实有过人之处，住在茅草为门、破瓮作窗的陋室之中，都能感到无往而不快乐，更何况来到这座亭子，下临江水、上浮白云，看到的是美景，听到的是天籁（lài），他又怎能不倍感快乐呢？倘若没有怡然自得的胸怀，即便是面对幽深绵

眉山三苏

9

远的山峦、枝叶茂密的林木,再加上清风吹拂、明月照耀,那些牢骚愁苦的文人墨客,也只会悲伤憔悴而不能自已,又哪里能感受到快乐呢?这段话所讲的道理并不高深,但论述得很精彩。作者紧扣"快哉亭"的题目,把丰富而优美的词语贯串在一层一层的叙说、思考、诘问、感叹之中,形成了奔流如泻的文章气势。于是,放达自适寄情山水才能获得"快哉"的生活乐趣的道理更加明了,其能言善辩确实令人折服。《快哉亭记》不仅是"小苏"的代表之作,而且也体现着苏氏文章的"家法"。

"三苏"齐名文坛

眉山三苏,父子兄弟齐名并称是就文章说的。文章,指的是散文的写作。其实,苏轼作为一个伟大的文学家,他的创作成就是多方面的,散文不过是其中的一项——而只就这一项来说,他的成就已超过了父亲和弟弟。南宋时期流传有"苏文熟,吃羊肉;苏文生,吃菜羹"的谚语,"苏文"成了读书人的学习范本,成了考取科举功名的"敲门砖",而所谓"苏文",主要是指苏轼的文章。总之,像"三苏"这样父子兄弟齐名并称的文学家、艺术家在我国历史上并不少有,如最常见的还有"三曹"——曹操和他的儿子曹丕、曹植,都是汉末建安时代的诗人;还有"二王"——王羲之和他的儿子王献之,都是东晋时代的书法家,父传子受,兄弟切磋,家庭从来就是培养人才的摇篮。

求学立志

接公历推算，苏轼出生于 1037 年 1 月 8 日。他母亲程氏夫人总共生过六个孩子，苏轼是第五个，先有一子三女，除幼女八娘外，均陆续夭折。三年后又生了苏辙。按照男女孩子分别排列行第的习惯，苏轼行二，所以曾经用过"和仲"的表字。

苏轼的母亲程氏夫人，是眉州青神县进士、大理寺丞（司法部门的官员）程文应的女儿，出身于诗书仕宦人家，有较高的文化修养。苏轼少年时，正是父亲苏洵功名受挫发愤苦学的时期，他常常自省少年放荡，深有读书悔迟之感，于是，希望能在儿子身上把这种损失找补回来，故而对苏轼和苏辙的教育培养颇为用心。因此，苏轼的父母也就成了他们兄弟俩最早的老师。在这种有利的条件下，少年苏轼敏察颖悟的气质——也可以说是读书为学的"天分"，逐渐得到了长足的发挥。

幼年的苏轼，已显露"天分"

八岁时，苏轼入了设在眉山天庆观的乡塾，塾师是道士张易简。张道士交游广泛，一天，从京城来了一位客人，把抄录的石介的《庆历圣德诗》给塾师看。庆历是宋仁宗赵祯在位二十四年之后更换的第六个年号，当时任用范仲淹、欧阳修等人革新朝政，史称"庆历新政"，石介的诗是歌颂新政的。苏轼向老师询问其详，老师认为他还是小孩子，不该问；他便据理以争，使得老师不得不另眼相看。若干年后，苏轼为范仲淹的文集作序，提到这件事时说："时虽未尽了，则已私识之矣。"意思是说，自己当时年幼，对于范仲淹的作为建树虽然还不能完全了解，但已经从心底对这位革新人物十分崇敬了。

眉山有位矮个子的道士叫李伯祥，喜欢作诗，也和乡塾里的张道士有来往。当时做塾童的苏轼已经能够评论矮道士的诗了。他认为李伯祥的诗格不甚高，但往往有奇句，像"夜过修竹寺，醉打老僧门"之类都是招人喜爱的。矮道士对苏轼很赞赏，曾对塾师说：这个孩子有出息，将来要做贵人的。

在此之前，苏轼年仅七岁的时候，见到一位眉山老尼，姓朱，

求学立志

已经90岁了,自述早年五代时候,曾随其师入蜀国君主孟昶(chǎng)宫中。一日,天大热,夜晚时分蜀主与花蕊夫人同在摩诃池边乘凉,当时孟昶作了一首诗,老尼还记得清楚,就一字一句地念诵起来,苏轼听得入神,牢记心中,深为那优美的语句所感染。事过40年,苏轼还记得头两句是"冰肌玉骨清无汗,水殿风来暗香满",并据以扩展,写成了著名的《洞仙歌》词。

幼年的苏轼,对诗歌产生了浓厚的兴趣,白天吟咏体味,夜间仍然萦系于睡梦之中,往往出现"清吟杂梦寐,得句旋已忘"的情况。这是全神贯注所致,是作诗的人们普遍经历过的一种特殊的创作过程,苏轼在少儿时代就已然体验过了,这显示了他作为一个大诗人的早熟与夙(sù)慧。

老师和父亲都折服了

年岁稍长,苏轼转到眉山城西的寿昌院就读,在那里执教的州学教授刘巨,是眉州的一位著名学者。刘教授很欣赏自己的一首咏鹭鸶的诗,对末尾两句"渔人忽惊起,雪片逐风斜"尤其自爱。如同雪片似的一群白色的鹭鸶,受惊而起,逐风斜飞,这两句诗描写得的确不错。不料,少年苏轼读后,竟向老师提出了修改的意见，他说：先生的诗很好，不过我觉得诗篇尚未结束，鹭鸶飞到哪儿去？不如把"逐风斜"改为"落蒹葭（jiān jiā）"，说鹭鸶飞落到蒹葭水草丛中去了。这样一改，蒹葭苍苍，烟水茫茫，既交代了鹭鸶的归宿，又以旷远幽渺的景物美化了诗的境界，增添了一层朦胧含蓄的情调。刘教授听了很是赞赏，于是聊以解嘲地笑着说："吾非若师也"，我当不了你的老师啦！至此，苏轼的诗歌天才已经充分地显露出来了。

可是，父亲苏洵似乎更看重儿子文章的写作，这主要是为了参加科举考试。十来岁时，苏轼就在父亲的指导下，练习写作史论一类的文章。一次，父亲出了个《夏侯太初论》的题目让他写。夏侯太初即夏侯玄，是三国时代魏国后期的著名人物，他维护曹魏政权，负有重望，后来被司马氏杀害，临刑时意志不屈，镇定自若。苏轼在文章中，着重推崇夏侯玄的临危不惧，并针对这一命题，联系人们遇到意外事件时经常出现张皇失措的情况，写出了警策的句子："人能碎千金之璧，不能无失声于破釜（fǔ）；能搏猛虎，不能无变色于蜂虿（chài）。"文章把说理、论辩融为一体，显示出成熟的写作技巧，赢得了父亲的满意和欢心。苏洵很欣赏欧阳修的"谢表"（对皇帝的封赏表示感谢的奏章），让儿子模仿写作，并说这在将来是用得着的，由此可见他对儿子的殷切期望。

求学立志

15

自然和社会,也是好老师

苏轼少年时代的学习生活是丰富多彩的,读书作文之余,也外出游玩。眉山附近,山清水秀,可供游览的景点不少。城东有蟆颐山,城西有象耳山,城南稍远的中岩寺一带风景更是优美,有岩洞、流泉、水潭,至今,传说苏轼题写的"唤鱼池"三个大字还凿刻在一个著名景点的岩壁上。后世的文人墨客立下了"灵岩石笋""蟆颐晚照""象耳秋岚(lán)"等等名目,凑足了"眉州八景"。自然风景可以陶冶性灵,这对苏轼的成长也有着不小的帮助。

苏轼走出书斋,不仅喜欢玩赏自然风景,也注意观察社会生活。如养蚕,是当地农村一大副业,每到收茧时节,眉山城里都出现热闹的"蚕市"。苏轼每每见到,心有所感,于是后来便写了一首《和子由蚕市》的诗:

蜀人衣食常苦艰,蜀人游乐不知还。千人耕种万人食,一年辛苦一春闲。闲时尚以蚕为市,共忘辛苦逐欣欢。……忆昔与子皆童丱(guàn),年年废书走市观。市人争夸斗巧智，野人喑哑遭欺谩。诗来使我感旧事，不悲去国悲流年。

农民终年辛苦，种田之外还养蚕，茧子上市时，又被商人低价收购。市上人声嘈杂，忠厚的农民哪里争得过花言巧语的市侩，只能遭受欺凌和谩骂。

最怕天才也勤奋，有大志

当年苏轼在家学习时，十分勤奋而专心致志，为了排除干扰经常关起门来，中断与外界的来往，像汉朝大儒董仲舒那样"三年不窥园"。在学习方法上，他遵循的是"熟读深思"，"旧书不厌百回读，熟读深思子自知"。即不贪多图新，把住"旧书"不放，反复阅读，深入思考，真正读懂读透，理解消化。在深入的基础上，他还注意到要广泛，要灵活，多比较，多联系，以便获得启发，触类旁通。

少年苏轼之所以如此勤于学习，善于学习，与他自小就立下宏大的志向是分不开的。

前面提到，苏轼早在乡塾就读时，就对当朝"庆历新政"的中坚人物范仲淹、欧阳修等萌发了敬仰渴慕之情，视为自己的榜

样。还有一件事,对他影响极深,就是母亲讲授的《后汉书·范滂(pāng)传》,在他幼小的心灵上产生了强烈的震动。

范滂是东汉名士,为官清正,执法严明,很受人们尊敬。当时宦官擅权,朝政腐败,正直的士大夫们反对宦官的胡作非为,跟他们展开了斗争,由于得不到皇帝的支持,不断遭受迫害与杀戮(lù)。汉桓帝时,李膺(yīng)、杜密、陈蕃、范滂等二百多人被宦官诬以"诽谤朝廷"的罪名遭到逮捕,史称"党锢之祸"。范滂在狱中争先受刑,面对审讯,仰天慷慨叹曰:"古之循善,自求多福;今之循善,身陷大戮!身死之日,愿埋滂于首阳之山侧,上不负皇天,下不愧齐、夷。"审讯他的人为他的气节所感动。后来获释南归,数千名士大夫前来欢迎他。到汉灵帝时,又大诛"党人",下诏急捕范滂。传诏的官员不忍心执行,躲在驿馆伏在床上难过地哭泣。范滂听说后,为了不使他为难,自动投案入狱。县官见此情况,感于正义,情愿丢下大印弃官不做,自愿陪同范滂一起逃走。范滂不肯连累于他,拒绝出逃。不久,范滂即被判死刑。临刑前,深明大义的老母强忍悲痛与他诀别说:"汝今得与李、杜齐名,死亦何恨?既有令名,复求寿考,可兼得乎?"范滂跪而受教。随即转过身来,对年幼的儿子感叹说:"吾欲使汝为恶,则恶不可为,使汝为善,则我不为恶。"我并不曾为恶呀,为什么竟得到如此下场呢?路旁的人们听到范滂的话,没有不感动流泪的。范滂被杀的时候，只有33岁。

一篇《范滂传》，千载正气歌。少年苏轼，听着母亲的娓娓讲述，既入神又激动。他从中学到的绝不只是历史知识、文章作法等等，最主要的是立身、处世、做人的崇高目标和深刻道理。当时，他情不自禁地问母亲：我如果像范滂那样，母亲也会赞许吗？母亲非常欣慰地点点头。

立下宏大的志愿，奠定学问的基础，就这样，苏轼在他的故乡，在老师、家长的辛勤培育下，一年一年地成长起来了。

求学立志

名动京师

读书——科考——做官，这是封建时代读书人唯一被视为"正途"的出路。苏轼的父亲，尽管学问大，文章好，在这条道路上却跌了跤，愤愤不平而又无可奈何，于是，便把希望寄托在两个儿子身上。仁宗嘉祐元年（1056年），苏轼21岁，苏辙18岁，遇上考期，他便带领儿子进京城考进士。临行前曾写信给在成都做官的友人张方平，请求介绍推荐，信中说：

……洵今年几五十，以懒钝废于世，誓将绝进取之意。惟此二子，不忍使之复为湮沦弃置之人，今年三月将与之如京师……

这几句话饱含着酸甜苦辣。

苏轼辞别了母亲（他没想到这竟是与母亲最后的分别）和妻

子，与父亲、弟弟一同离家走陆路向京城进发。从此，苏轼走上了他的人生旅程的重要阶段，四十多年的仕途生涯从这儿开始迈出了第一步。

千里出川，难忘渑池

父子三人经阆（làng）中（今四川阆中），出褒斜（今陕西勉县），到凤翔（今陕西凤翔）以后，向东折，过长安（今陕西西安），出潼关，于五月间到达汴京（今河南开封）。历时两个多月，行程两千余里。一路上山川景物虽有观赏之乐，而风餐露宿更多奔波之苦。特别是在长安附近的路途上，他们的马死了，是骑着小毛驴颠颠簸簸地出潼关到渑（miǎn）池（今河南渑池）的。五年之后，兄弟二人曾以《渑池怀旧》为题作诗唱和回忆当时情景，苏轼的诗最后写道："往日崎岖还知否？路长人困蹇（jiǎn）驴嘶。"道路崎岖，旅途困顿，这两句诗概括了苏轼步入仕途以后的全部生活经历。

考期定在秋季，苏氏父子到达京城之后还有几个月的准备时间，他们住进了兴国寺。到了九月，兄弟二人都顺利考取，但还要等待礼部主持的复试与皇帝亲自主持的殿试。

复试和殿试：欧阳修和皇帝都成了他的粉丝

第二年（嘉祐二年，1057年）正月，进行复试。欧阳修以礼部侍郎（礼部的副职最高长官）的身份任主考官，梅尧臣以国子

监直讲（全国最高学府的教官）的身份任详定官，主管评卷事务。欧阳修是当时的文坛领袖，声望很高，他倡导诗文革新，反对浮华、艰涩等不良风气，主张写诗作文应当质实自然、平易流畅。梅尧臣是著名诗人，也是诗文革新运动的推动者，与欧阳修的理论主张一致。苏轼的文章风格与他们二位的要求很贴近，这对苏轼的科举考试是非常有利的。

苏轼的试卷文章《刑赏忠厚之至论》一交上去，果然赢得了欧、梅二位的高度赞赏，梅尧臣认为"有孟轲之风"（像孟子的文章一样好），欧阳修更是"惊喜以为异人"，读其文，"不觉汗出"，连呼"快哉，快哉！""可喜，可喜！"并说："老夫当避路，放他出一头地也。"考卷是密封的，评卷时只看到文章，并不知道考生的姓名。欧阳修本打算取该卷为第一，又估计它可能是自己学生曾巩的卷子，为避徇私的嫌疑，取为第二名。欧阳修善于识拔人才，奖掖后进，他的满腔热忱，他的胸襟和眼光都是难能可贵的。

苏轼的试卷文章《刑赏忠厚之至论》，论述的是以儒家的仁政治理国家的政治主张，明确提出"爱民之深，忧民之切，而待天下以君子长者之道"。赏罚分明是为政之本，必须做到："有一善，从而赏之"；"有一不善，从而罚之"。而在赏与罚的具体掌握上，又要本着"立法贵严而责人贵宽"的原则，广施恩泽，慎用刑法。当赏而有疑惑，则宁赏之；当罚而有疑惑，则宁不罚。这些归结起来，就是以"仁"为核心的、"忠厚之至"的"君子长者之道"。这篇文章论述的内容很深刻，可以说是苏轼准备走上仕途的从政宣言，以后几十年的实践也证明，他不论是在朝廷做京官，还是被排挤、贬谪到南北各地做地方官，儒家的仁政，一直是他的主导思想。再有，这篇文章篇幅并不长，只有六百多字，却论述透辟、层次分明、气势畅达，一直被看作是苏轼的代表作品。清朝初年被选入《古文观止》，更使它得到了广泛的流传。

通过了礼部的复试之后，皇帝亲自主持的殿试紧接着在三月举行，苏氏兄弟接连双双中选，苏轼受赐"进士及第"，属第一等，苏辙受赐"同进士及第"，属第二等。至此，一场进士科考才算完结。

在鲜花和掌声中，他没有晕头

苏氏兄弟新科高中，意气风发，他们当时兴奋、愉快的心情是可以想见的。十七八年之后，苏轼在一首《沁园春》词里回忆当时情景，写道：

……当时共客长安，似二陆初来俱少年。有笔头千字，胸中万卷；致君尧舜，此事何难！用舍由时，行藏在我，袖手何妨闲处看？……

西晋初年，诗人陆机、陆云兄弟由江南迁居都城洛阳，那时陆机20岁，陆云16岁，俱在少年，因才华出众，被称为"二陆"。这对兄弟，恰好可与苏轼、苏辙在汴京获得盛名的情况相比。苏轼在词里又化用唐代大诗人杜甫的句子以自况："读书破万卷，下笔如有神"，以比才学；"致君尧舜上，再使风俗淳"，以比抱负。更为重要的是，化用《论语》中"用之则行，舍之则藏"的话，来说明自己的从政态度。如被任用，就积极推行治理国家的主张；如被皇帝舍弃，那就隐退藏身，淡泊自处。用超脱豁达的心情对待官场上的行藏进退，就像袖手旁观似的那么自在闲适。苏轼这种"宠辱不惊"的态度，显示了他作为我国古代的一个正直的士大夫的本色。关于读书、科考、做官，这是当时一般读书人的必由之路，但做了官并不能说就达到目的了。关键在于如何看待做官。如果用它来追求功名利禄，那是卑下的；把它看作手段，是为了施展抱负，治国平天下，那才是真正的读书人的应有作为。苏轼属于后者，这也正是他的可贵之处。

再说苏洵,他来到汴京后,在打理两个儿子应考的同时,也通过张方平、雷简夫等人把自己的文章著作呈给韩琦、欧阳修等显宦要人,并通过他们上给皇帝,以谋求科举之外的出路。由于文章的内容符合他们的政治观点,文章的风格符合他们的革新要求,于是,也得到了高度的赞赏。后来,欧阳修给苏洵作墓志铭,追述了当时的情况:"书既出,而公卿士大夫争传之,其二子举进士皆在高等,亦以文学称于世。眉山在西南数千里外,一日父子隐然名动京师,而苏氏文章遂擅天下。"

父子三人,名动京师,确是一时盛况佳话,而在此基础上继续前进,取得更大成就并跻身于古代一流作家之列的,那就只有苏轼一人了,这是后话。

嘉祐二年(1057年)四月,正当父子三人在京城初露风采的欢欣时刻,突然从眉山家乡传来噩(è)耗,苏轼的母亲程氏夫人病故。于是,父子三人便急忙返里奔丧,仓皇悲痛之情不难想见。古人丧亲,要停止官任,在家守孝27个月,叫做"丁忧"。苏轼刚刚考中进士,还没得到官职,一切安排都要等丁忧期满以后再考虑了。

名动京师

西湖筑堤

仁宗嘉祐四年（1059年）十月，苏氏兄弟丁忧期满，父子三人再次由家乡起程赴京，准备接受官职任命。这次是携带家眷同行，为求稳便，前一段走的是水路。"我家江水初发源，宦游直送江入海"，苏轼后来作的这两句诗恰好可以用来描述他们全家的这次行程。他们由眉山南行，沿岷江、长江而下，经嘉州（今四川乐山）、犍（qián）为，到宜宾，东折，经泸州至渝州（今重庆），顺流而下，至夔（kuí）州（今重庆奉节）出三峡而达荆州（今湖北江陵），历时两个多月，走了多半条长江。后一段由荆州旱路北上，第二年（嘉祐五年，1060年）二月，才到达汴京。

这次赴京路上，观赏风景名胜，抒发见闻感慨，父子三人共作诗百首，合编在一起，名曰《南行集》，其中有苏轼的四十首，是现存苏轼诗歌中能确切编年的最早作品。船过忠州（今重庆忠县）时，凭吊屈原塔，苏轼作了一首五言古诗，对我国古代第一位著名的伟大诗人表示了由衷的敬仰，最后写道：

　　古人谁不死，何必较考折。名声实无穷，富贵亦暂热。大夫知此理，所以持死节。

士大夫重名节，不以富贵为念，屈原的思想品德在他此后的仕宦生涯中起了积极的引导作用。

策论中，已透露出他对"改革"的态度

　　到达京城之后，苏轼被任命为河南福昌县主簿（负责文牍的官员），当时的新科进士一般也都是由这样的官职开始做起的，但他并未赴任。又是由欧阳修推荐，参加了一次制科考试。"制科"是一种临时性的、分科目的专门考试，苏轼考的是"直言极谏（jiàn）科"——直率积极地向朝廷提出意见与建议的科目。他早就有所准备，所以考试之前就把已经写好的25篇策呈了上去。这一组策论文章，是关于改革朝政的系统意见，是苏轼经过深思熟虑之后，毫无保留地提出来的。

西湖筑堤

当时，仁宗在位已近四十年，而北宋王朝"积贫积弱"的局面并未改变，各种社会矛盾日益尖锐，内忧外患更加深重，一种危机感，像漫天乌云笼罩着朝廷上下的众多有识之士，革新朝政已经成为普遍的要求。在这一点上，苏轼与几年之后推行变法的大政治家王安石并不存在原则的分歧。面对当时的政局，苏轼尖锐地指出："有治平之名而无治平之实"，与王安石《上仁宗皇帝书》的看法相同，要求改革的愿望也是相同的。但在如何进行改革的问题上，却有分歧。

仁宗在位的最后几年，变法已在酝酿之中，苏轼的25篇策论就是在这个时候提出来的。开头的几篇称为"略"，论修内政；结尾的几篇叫做"断"，论治边患；中间部分名曰"别"，分别论述"课百官""安万民""厚货财""训兵旅"四大问题。分章别目，条分缕析，足见其忧国忧民的良苦用心。但是，他过多地着眼于治本，过分强调慎重从事，有时提出一些措施，又往往不免失之天真和迂阔。从总体看，这洋洋洒洒数万余言，只能是文章家写出的政论，而不是政治家提出的方案。由此，可以看出苏轼只能成为一个文学家、艺术家，而不会成为一个政治家。所以，他的策论并不像他的文章那样得到赏识，因循守旧者固然不会赞同，锐意革新者也并不感觉满意，结果是"不悦于世"。

重返汴京，新法如火如荼地在推行

苏轼制科考试虽获通过，但并没有得到理想的官职。嘉祐六年（1061年）出任凤翔府签判（知府助理官员），英宗治平二年（1065年）任满还朝，在史馆任职。随即连续遭遇丧事。先是其妻王弗卒于汴京，年仅27岁。十载恩爱一朝永诀，给苏轼留下了深深的创痛。治平三年，其父苏洵病卒，年58岁。于是，护柩归里丁忧，直到神宗熙宁元年（1068年）期满返京，到达汴京时，已是熙宁二年的春天了。

恰在此时，新登基的神宗皇帝起用王安石为参知政事（副宰相），设立"制置三司条例司"作为专门机构，开始推行新法。变法运动来势迅猛，刚刚居丧期满返回京城的苏轼很不适应，对于新党的一些人物也很不满意，他一贯主张的任人为本，慎重从事的思想膨胀起来，认为推行新法的最大弊病是"招徕新进勇锐之人，以图一切速成之效"。不是法制之罪，而"失在于任人"；不是不要革新，而是不能如此"轻发"。于是，一再上书皇帝，表示反对，站到旧党的行列中去了。但是，对于新法的部分内容，如"裁减皇族恩例"（减少皇族的费用开支，有利于缓解财政困

难)、"刊定任子条款"（限制官僚子弟的荫庇，有利于裁汰冗吏)、"修完器械阅习旗鼓"（加强军队训练，有利于壮大国防力量)，苏轼都作了充分的肯定；另外，对于某些新法项目，则是不满于在执行过程中出现的弊端，如有的地方官以多放青苗钱邀功，实行"抑配"，强迫农民借贷交息。可见，对于新法，苏轼并非盲目地一味反对，这与顽固的守旧派是不同的。再者，新法本身并非十全十美，新党之中也确有趋炎附势、见风使舵如吕惠卿之流的人物。所以，对于苏轼的反对新法，是应该进行具体分析的。

厌倦官场险恶，自请外任杭州

在新党掌权、苏轼觉得留在京城没什么意思了的情况下，不料，又遭到一次诬告。在御史台（监察机构）知杂事（管理行政事务）的一个官员叫谢景温，是王安石的亲戚。这个人利用职权弹劾苏轼，诬陷他在护送父亲灵柩回乡的船上贩运私盐，这种违背情理的拙劣编造，当然不可凭信。故苏轼没有因此获罪，但使他认清了党争漩涡的险恶。于是，他决定请求外任，离开京城到地方州郡去。

熙宁四年（1071年）十一月，苏轼被任命为杭州通判（知州的助理官员），他像一只出笼的鸟儿，轻松而不无喜悦地开始了一个新的生活阶段。"我今身世两悠悠，去无所逐来无恋"，现在的生活可是自由自在了，离开没有留恋，去到一个新地方也没什么追求。超脱放达、随遇而安的态度已经取代了初入京师时的执着追求。但是，他并没有放弃自己的政治抱负，而是尽力使之在一州一郡的地方官职责范围之内得到部分的推行，他虽然不是政治家，但却不失为一员良吏。另外，在较为宽松舒畅的心情下，他的文学艺术才能得到了更为充分的发挥。诗、词、文的创作，数量多，成就高；书法艺术也开始形成了自己的独特风格；苏轼作为一个全面多能的文学艺术家的特点逐渐显现了出来。

杭州，以秀丽的山水风景闻名于天下，苏轼自己的诗句——"余杭自是山水窟"，作了很好的概括。称之为"窟"，新颖而奇特，是说山水景物聚集在一起，汇成了一座宝藏，随时随处都可以从中发掘到大自然的美。苏轼还有一句诗——"壮观应须好句夸"，作为一个诗人，在饱览美景的同时，总要写出精彩的句子加以夸赞。

西湖筑堤

他的诗，让西湖留名

熙宁四年（1071年）年底，苏轼初到杭州，游览兴致勃发。首先进入诗篇的是西湖孤山的冬季景色：

天欲雪，云满湖，楼台明灭山有无。水清石出鱼可数，林深无人鸟相呼。……

天阴欲雪，远山远湖都在迷蒙之中，而近处却是水落石出、游鱼可数，在清澈明净之中显出了西湖的季节特色。同时，天气寒冷，游人稀少，只闻林中鸟声，更使人感到一片幽静。西湖景色，四季各有可观，夏天的一阵暴雨更见奇特，苏轼在"望湖楼"上看到的是：

黑云翻墨未遮山，白雨跳珠乱入船。卷地风来忽吹散，望湖楼下水如天。……

乌云如墨，漫天翻滚，远处的一脉山色时隐时现。顷刻间，雨点猛烈地打向湖面，溅起一个个闪亮的水珠迸落船头。忽然刮过一阵狂风，吹散了满天云雨，湖面上立即平静下来，又变得水天相映一碧如洗了。在这首绝句里，"白雨跳珠乱入船"七个字最为精彩。诗人把雨点水珠的色泽、动态乃至声音巧妙地组织在一起，作了新颖而生动的描写，算得上苏轼的名句。西湖美景，观赏不尽，风雨阴晴各有特色。能不能用一首短诗概括它的总貌呢？苏轼一次游湖，恰好赶上了先晴后雨的天气，他乘着酒兴，抓住灵感，写出了一个绝妙的比喻：

水光潋滟（liàn yàn）晴方好，山色空蒙雨亦奇。欲把西湖比西子，淡妆浓抹总相宜。

西施是最美的人，西湖是最美的景，二者比并，相互生辉。诗人作这个比喻的着眼点在于"天然"，无论西施的美还是西湖的美，都是天然生成的，一个是天生丽质，一个是自然灵秀，没有造作，没有虚饰，"美"建立在"真"的基础之上，那是实实在在的。这个比喻看起来好像很简单，可是说到了根本上，所以使人信服。后人有诗道："除却淡妆浓抹句，更将何语比西湖"，可以印证这一点。

西湖筑堤

治理民生也有声有色

苏轼在杭州，绝非只是游山玩水，流连诗酒，作为一个地方官，他并没有忘记自己的职责。他亲自处理刑狱、察看灾情、督修河道、巡视属县。尤应称道的是，苏轼处理公务时能够体察民情，关怀农家疾苦。这从他当时写的《吴中田妇叹》诗中可以看得出来：

今年粳（jīng）稻熟苦迟，庶见霜风来几时。霜风来时雨如泻，杷头出菌镰生衣。眼枯泪尽雨不尽，忍见黄穗卧青泥。茅苫一月垄上宿，天晴获稻随车归。汗流肩赪（chēng）载入市，价贱乞与如糠粞（xī）。卖牛纳税拆屋炊，虑浅不及明年饥。……

秋收季节阴雨连绵，稻穗倒伏在泥里；农民护理稻田，露宿垄头；待得天晴，收获下来的稻谷还卖不上糠粞的价钱；农民只得卖掉耕牛交租税，拆下屋椽当柴烧，如此苟延残喘，哪里还顾得上今后的饥寒……这几句诗写得真切、沉痛，反映了当时农民的生活状况。

　　基于这种关怀民生的思想，苏轼在历届地方官任上，总要尽力做些对当地人民有利的事情。他曾说："政虽无术，心则在民"，自己虽然缺乏施政的能力，但心思却是放在为民着想上面的，这是出自他内心的诚挚表述。

　　苏轼任杭州通判，是州官的副职，办什么事情必须取得正职州官的支持，而他自己只能居于配合的地位。他在任期间，杭州知州前后由两人担任，前为沈立，后为陈襄，苏轼与他们配合得都很好。熙宁五年（1072年），苏轼协助陈襄疏浚"六井"。这件事在苏轼写的《钱塘六井记》一文中有详细的记述。原来杭州城址近海，就地掘井，其水苦涩，只有在城西靠山的地区能够掘出适合饮用的淡水。唐朝李泌（bì）做杭州刺史时凿了六口井，引西湖水以供民用，后来，白居易曾加以疏浚，但到陈襄任上，六井已历三百年，淤塞严重，已经供水不足了。陈襄、苏轼发动僧侣、民众接通水源，堵塞渗漏，更换竹木管道，终于把六井彻底修好。同时，还疏理了原有的涌金池，按照水的流向，分为上中下三个水域，上池饮用，中、下池洗衣浴马。这样，杭州市民的饮水、用水都得到了解决。第二年，江浙一带大旱，别的地方，饮水像酒醴（lǐ）一般珍贵，杭州则不存在这方面的困难。

西湖筑堤

治理西湖，惠泽万民

苏轼在杭州的政绩，最著名的还得算修筑西湖上的"苏堤"，那是他离任通判十五年之后，于哲宗元祐四年（1089年）再次来杭州任知州时的事。

举世闻名的西湖，不仅是供人游赏的风景名胜，它北连南运河，南通钱塘江，在运输、灌溉上的作用也是非常重要的。西湖需要疏浚修整，倘若淤塞严重，不但会破坏景观，也会破坏它的水利效用。唐朝时候，白居易曾大力修整，从东北岸边到孤山岛上，筑起一道"白堤"，分割出了一片北里湖。到苏轼任知州再来杭州的时候，西湖淤塞的情况已经十分严重了。他写了一篇《杭州乞度牒（dié）开西湖状》上报朝廷，请求拨发经费开浚西湖，其大意是：在"五代十国"时期，钱镠（liú）在杭州建立吴越政权，派士兵千人，以除水草挖湖泥为专职，一直不停，西湖才得保全。宋朝建国以后，放松了治理，西湖的情况很快就恶化了。原来湖边滋生一种菰（gū）草，其根相互盘结，繁殖力极强，致使湖水干涸而成为"葑（fèng）田"，倘不及时治理，估计再过二十年，西湖就不复存在了。在苏轼的据实明言大声疾呼之下，朝廷批准了他的治湖请求。

对于西湖工程，苏轼作出了周密的计划：用工二十万个，经费三万四千贯，招工数千人，工期四个月——赶在葑草初萌的季节，及时挖除。如何处置大量的水草淤泥？苏轼更作出了巧妙的安排：在湖面西侧，从南到北筑起一道长堤，间隔不等地架起六座石桥，使湖水相连而长堤不断。这样，又分割出了一片西里湖，并在南北各自形成两个小湖，即今之南湖与岳湖。

苏轼的筑堤治湖，且不论其水利与交通的实际效益，只从园林艺术的角度讲，也是意义非浅、匠心独具的。从总体上说，苏轼是把西湖的天然景色又一次进行了人工处置，使自然景观与人文景观谐调统一、完美结合。在湖的东北水面已有一道"白堤"的基础上，再在西侧水面筑起一条纵贯南北的长堤，再次对全湖进行巧妙的分割，形成相互掩映、婉转多致的空间格局。长堤六桥的设置，增添了游赏西湖的取景点，站立桥头，所见景物角度不同，情趣各异。这足以说明和充分显示了苏轼在园林艺术上的见解与成就。

在施工的过程中，苏轼每天都要亲临现场督导巡视，有时因来不及回去吃饭，就吃筑堤人的陈米粗饭充饥。他的这种认真负责、不辞辛劳而且平易近人的作风，在封建时代的官员中是少有的，很值得称道。长堤筑成之后，除植柳栽花以外，还沿堤傍桥

西湖筑堤

39

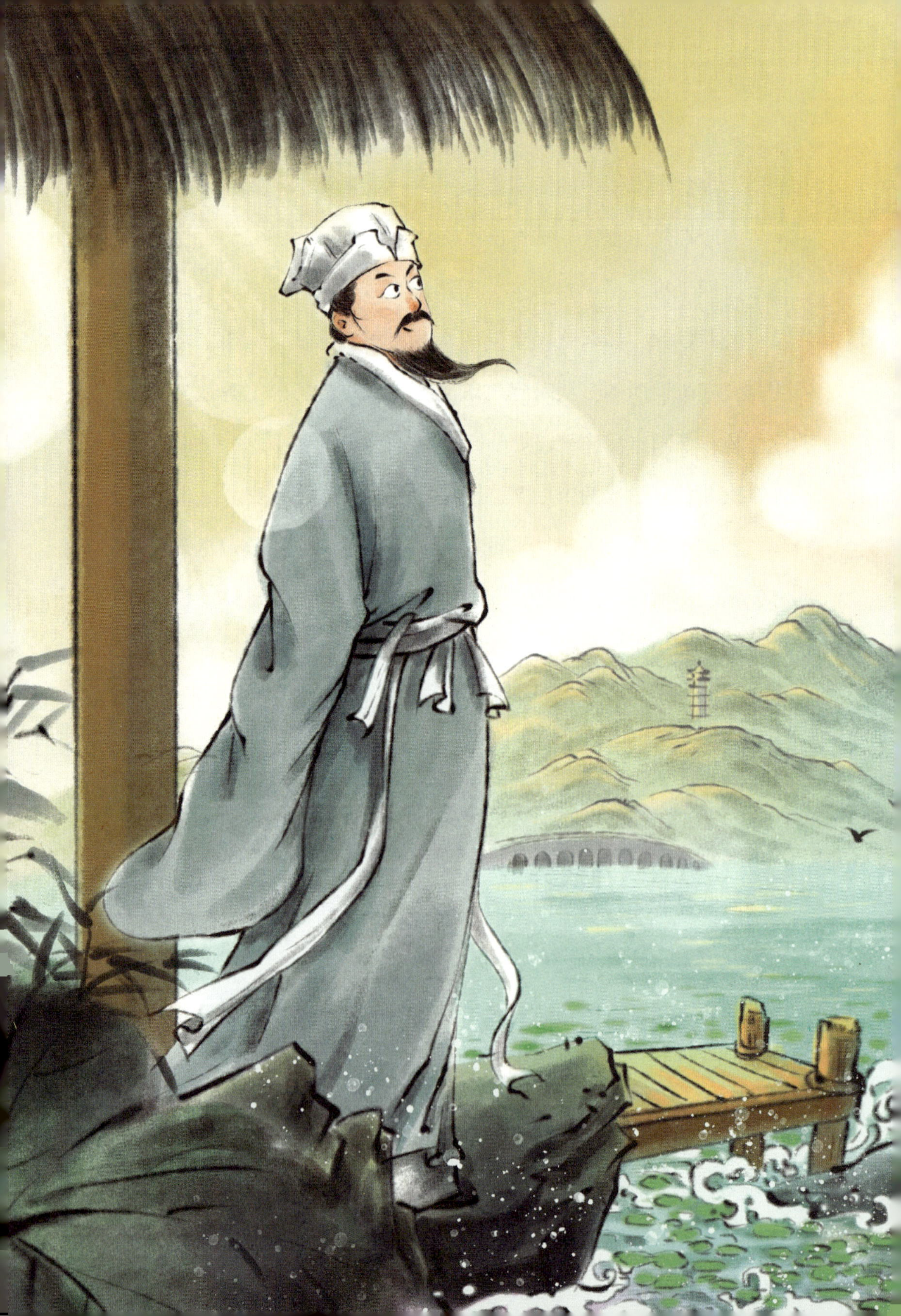

修建了九座亭子，既点缀景观又供游人歇脚。对于修整以后西湖的养护问题，苏轼也作了周密的考虑和安排，他分派农民沿湖植菱，既可生利又可防止葑淤，也是一举两得之策。

为了颂扬苏轼的政绩，对他表示感激和怀念，人们顺理成章地把他主持修筑的西湖长堤称作了"苏堤"。"苏堤"和"白堤"相互辉映，唐宋两代两位大诗人的光彩给秀丽的西湖美景平添了一段意味深长的历史的、文化的蕴含，从而使得这片园林的东方情调更加迷人。每年早春时节，苏堤上翠柳先萌，在波光露气的掩映之下，那一望无尽的、充满生机的新绿，顿使游人心神骀（dài）荡，无怪人们要把"苏堤春晓"列为"西湖十景"之首了。

西湖筑堤

徐州抗洪

前人评论唐宋古文,曾有"韩潮苏海"之喻,是说韩愈的文章如潮水之激越澎湃(pài),苏轼的文章如大海之汪洋浩瀚。苏轼的生平事迹和文学艺术的多方面成就,也像大海一般广阔而丰富。

在密州,为民请命

神宗熙宁七年(1074年),苏轼由杭州通判改任密州(今山东诸城)知州。密州地处山东半岛的西南部,本来就是个比较贫瘠的州郡,苏轼到任后,又遇上蝗灾旱灾,以及由灾荒而引发的治安问题,作为州官,他一直忙碌在救灾、祈雨、捕盗等等行政事务之中。但是,想到朝廷里的新旧党争与派系倾轧——此时,王安石已罢相，是被他自己一手提拔起来的吕惠卿排挤掉的，他又在万般无奈的慨叹中感到聊以自安了，于是在诗中说："为郡鲜欢君莫叹，犹胜尘土走章台！"意思是说，不要感叹在密州做官没有什么乐趣，比起在京城的奔走争斗来，这里强得多了。

面对密州的艰难实况，苏轼写了《论河北京东盗贼状》《密州祭常山文》《上韩丞相论灾伤手实书》等文章，表达了他为民请命的热切呼声。他说："上不尽利（上级倘若不来尽量征求利税），则民有以为生；苟有以为生，亦何苦而为盗？"他主张减轻赋税，多予赈济，帮助百姓度过灾荒，从根本上杜绝盗贼，而且，在他力所能及的范围之内，正是这么做的。

如在密州遭受严重灾荒的日子里，很多做父母的忍痛把婴儿丢弃在城外，为的是免于亲眼看着自己的骨肉活活饿死，这该是天地间最悲惨的事情了！为了搭救这些幼小的生命，苏轼"洒涕循城拾弃孩"，并设法筹划，每月给官米六斗，分派给没有孩子的人家收养，使收养者不致流离失所，可怜的婴儿也得以存活，一年之后居然产生了亲子之爱。这样总算下来，拯救的灾民可达数千人之多。

尽管作了这么大的努力，苏轼还是深感内疚，他在一首诗中写道："秋禾不满眼，宿麦种亦稀。永愧此邦人，芒刺在肤肌。平生五千卷，一字不救饥。"面对灾荒，愧对州民，感到芒刺在

背一般的痛苦，慨叹自己白白读了五千卷书，书中能救民于饥馑（jǐn）的竟连一个字也没有。从中可以看到苏轼的精神境界，比起一般的封建士大夫来，确是崇高得多。

《密州出猎》，开豪放之风

苏轼毕竟是一位杰出的文学家，他在辛劳从政的同时，也在不断地开掘创作的源泉。密州一带的淳朴勇武的民风，给了他新的感受和启迪，使他在词的创作中萌生了新的契机。熙宁八年（1075年）冬天，有一次他率领军队出城射猎，场面很是威武雄壮，为记述这次活动，抒发豪迈胸怀，他写了著名的《密州出猎》词：

老夫聊发少年狂，左牵黄，右擎（qíng）苍，锦帽貂裘，千骑（qí）卷平冈。为报倾城随太守，亲射虎，看孙郎。

酒酣胸胆尚开张，鬓微霜，又何妨，持节云中，何日遣冯唐？会挽雕弓如满月，西北望，射天狼！

词的大意是：苏轼自称"老夫"，并说自己仍有少年人的狂放豪

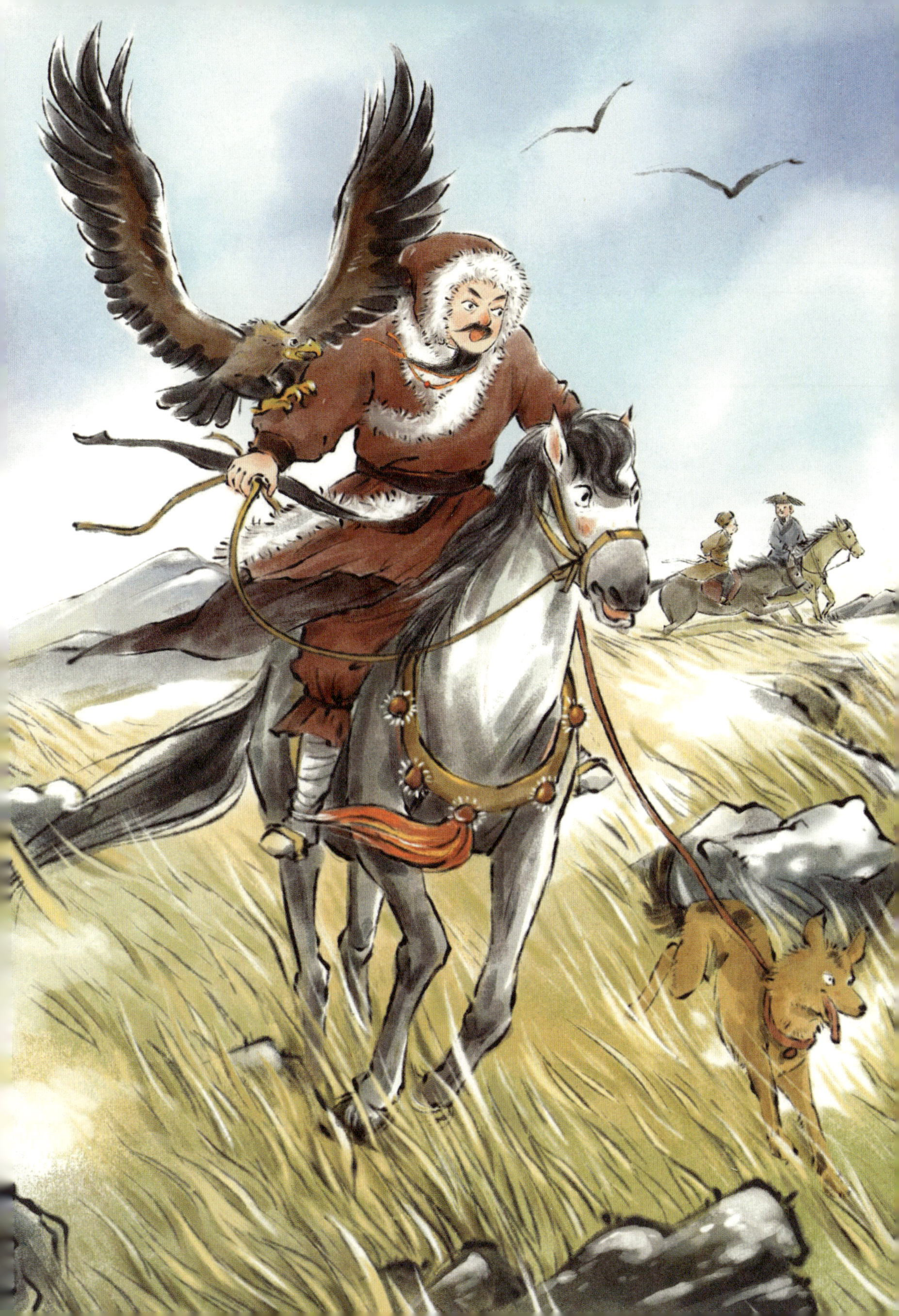

情。他左手牵黄狗，右手擎苍鹰，头戴锦帽，身穿貂裘，在大队人马的拥簇之下，开赴山脚下的围场。为了答谢满城百姓随同助兴的盛情，他要效仿当年东吴的孙权，亲射猛虎，一显身手。当此酒酣兴浓之际，他的胆略和武艺可以充分施展出来——纵然鬓边添了几丝白发，又有何妨！他又自比汉朝时候被贬黜的云中太守魏尚，同时慨叹没有一个如同冯唐的使者带着汉文帝颁发的符节来重新起用他。倘若给他这样的机会，他也会像魏尚那样开弓射箭，抵御西北异族，为保卫国家而效力。

这首词描写的是行围射猎的场面，因为古代往往把射猎和演习作战结合起来，所以很自然地引导出了抵抗异族保卫国家的内容。像这样的抒写豪情壮志的作品，在苏轼以前的词里是很少见的——即便有一两篇涉及战争边塞的作品，也都是从征人思妇的角度描写离别思乡的哀怨。在词的历史上，这首词可以看作是一个开拓的标志，此后，这类"豪放"词才逐渐多起来。苏轼自己对这一点了解得很清楚，他在给一位朋友的信里谈到了这首词，说："近却颇作小词，虽无柳七郎风味，亦自是一家，呵呵！"这就明确地宣称，这类作品已经摆脱了柳永那样的"婉约"风格而"自是一家"，别立一派。"呵呵"的爽朗笑声透露出了作者成功的喜悦。信中又说："令东州壮士抵掌顿足而歌之，吹笛击鼓以为节，颇壮观也。"密州古称东武，由当地的壮士拍手顿足地来歌唱这首词，相得益彰，颇为壮观，取得了很好的艺术效果，这也可以使我们进一步了解豪放词的风格特点。

《水调歌头》，为豪放注入了自己的特色

所谓豪放，并不只是一味的雄壮甚至粗犷（guǎng），苏轼"自是一家"的词在开阔疏朗的同时，更朝着细密和深厚的方向开拓。熙宁九年（1076年）的中秋节，苏轼写了另一首名作——题作"丙辰中秋，欢饮达旦，大醉，作此篇，兼怀子由"的《水调歌头》：

明月几时有？把酒问青天，不知天上宫阙，今夕是何年？我欲乘风归去，又恐琼楼玉宇，高处不胜寒。起舞弄清影，何似在人间！

转朱阁，低绮（qǐ）户，照无眠。不应有恨，何事长向别时圆？人有悲欢离合，月有阴晴圆缺，此事古难全。但愿人长久，千里共婵娟。

中秋之夜，饮酒大醉，乘兴挥毫，驰骋想象，使得这首词充满了

浪漫色彩。对月宫的向往，象征着对理想的追求；对人间的执着，则显示出对现实的体认；这里面蕴含着丰富的人生阅历——写到"悲欢离合"，已经把它点明了。对于这悲欢离合，可以联系到很多具体的内容，诸如：功名事业上的不能遂心，发妻王弗逝去已经十年，与胞弟苏辙已经五年不曾晤面……可是，作者并没有像婉约词人那样把这些可悲可感的生活内容归结到一个"愁"字上，低吟轻叹，满腔思绪浓得化解不开，他则是拿得起、放得下，以豁达的胸怀、清醒的理智，面对人生现实，把这些愁苦的情绪摆平理顺，而且懂得"人长久""共婵娟"的可贵，对未来充满希望，赏明月获得慰藉，通过这样的自我调节而找寻到心理上的平衡。苏轼的旷达胸怀以及他的豪放词的主要特点，从这首词里都可以看得出来。

苏轼作这首中秋词的题旨是思念他的弟弟，两年之后，苏轼已经改任徐州知州，他们兄弟才有机会共度中秋，彼此又用《水调歌头》的牌子填词，互相唱和。苏辙的词里写道："离别一何久，七度过中秋。去年东武今夕，明月不胜愁。岂意彭城山下，同泛清河古汴，船上载凉州。"前年的中秋节，哥哥在密州对月怀人，愁苦不堪，没想到今年中秋在徐州（彭城）同游，泛舟赏月，载酒载歌（凉州，乐曲名），表述了离别的愁苦与团聚的欢乐。苏轼是在熙宁十年（1077年）四月，在弟弟的陪同之下到任徐州的，中秋过后，弟弟才离去，这期间，他们兄弟相聚，共同度过了一段愉快的时光。

徐州抗洪，身先士卒

紧接着，徐州发生了大水灾，作为一州之长的苏轼，立即率领军士、民众投入了与洪水的搏斗之中。原来这一年的七月十七日，黄河在澶州（今河南清丰）境内决口，大水淹了四十五个州县，毁了三十万顷良田。洪水向东泛滥，八月二十一日，到达徐州城下。苏轼在题为《答吕梁仲屯田》的长诗中追述当时危急的情况，写道："黄河西来初不觉，但讶清泗奔流浑。夜闻沙岸鸣瓮盎（àng），晓看雪浪浮鹏鲲。"起初只见河水发浑，夜里又听到嗡嗡的响声，第二天早晨一看，已是一片汪洋了。

面对紧急的灾情，苏轼首先想到的是，要像汉朝的王尊那样，决心抗洪。西汉时，王尊为徐州刺史，遇到水灾，他"躬率吏民""止宿庐居堤上"，并且愿意"以身填金堤"，从而安定了民心，保住了城池。苏轼正是以王尊为榜样要求自己的。他劝阻了打算出城逃难的民众，并且宣告："吾在是，水决不能败城"；他亲自到军营，动员不归他管辖的禁卫军一起参加抗洪，说："河

将害城，事急矣，虽禁军宜为我尽力！"他还"庐于城上，过家不入"，搭起草棚，住在城头，昼夜督率军民，而对自己的小家则完全置于不顾。

徐州附近地势低洼，水流聚积，有增无减，一个月后，城外最深的地方竟达二丈八尺九寸，高于城内地面一丈零九寸，形势仍然十分危急。城外西北一带，因为有山势阻遏，积水变清，不再有浊流，而东南方面则更加吃紧。于是苏轼便组织起五千军卒、民夫，昼夜赶筑堤坝，使来自东南的水，"遇堤而止"。又"自城中附城为长堤，壮其址（加固城墙的根基），长九百八十四丈，高一丈，阔倍之（丈）。"工程如此浩大，筑堤的艰苦可想而知。"至十月五日，水渐退，城遂以全。"四十多个日日夜夜的艰难困苦，终于挡住了洪水，保全了徐州城。

为此事，神宗皇帝曾颁布奖谕，敕赐苏轼。皇帝的嘉奖，似乎并没有让苏轼多么激动，令他最为激动和难以忘怀的是，他带领百姓战胜了这场灾难。他惊定而喜，以诗酒相慰表达自己的愉快心情：

岁寒霜重水归壑（hè），但见屋瓦留沙痕。入城相对如梦寐，我亦仅免为鱼鼋（yuán）。旋呼歌舞杂谈笑，不惜饮醮（jiào）空瓶盆。念君官舍冰雪冷，新诗美酒聊相温。

这就是苏轼性格,开朗、豪放。抗洪的时候,什么都顾不上,甚至连自己的性命都置之度外,灾难过去了,想来不免有些"后怕",见到亲朋,恍如隔世,但亦谈笑相对,庆幸免为鱼鼋而已,诗酒歌舞之际,他设想的、筹划的却是:"明年劳苦应更甚,我当畚锸(běn chā)先黥髡(qíng kūn)。"明年还要再吃大苦,再受大累,奋身挥动锹铲,带领百姓大修水利,以备洪水去而复来。

乡风民俗,尽现笔底

熙宁十年(1077年)秋天,徐州发了大水,入冬以后,却无雨雪,第二年(神宗元丰元年,1078年)春季就遇到了旱情。州官苏轼,先是防洪挡水,随即又抗旱求雨,真有些忙乱颠倒了。徐州城东20里处,有石潭,传说潭中有伏龙,倘以虎头置潭中,龙虎相斗,则生雷雨。于是州官就备办了香烛器用,满怀虔诚地到石潭去祷告祈雨,并且写了《徐州祈雨青词》的骈(pián)文(用对仗工整的偶句组成,以示恭敬)和《起伏龙行》的诗歌。青词,就是祷告词,文中述及旱情,颇为沉重;那首诗却有一些

轻松的描写，而且还夹杂了戏谑的成分，如最后两句说"嗟我岂乐斗两雄，有事径须烦一怒"，我哪里是乐意看你们龙虎两雄相斗呢，实在是因为有事情要麻烦你们发一回怒啊！向所谓神灵求雨固然是一种迷信行为，但苏轼是出于对民生疾苦的关心，我们也就不必苛责了。事有凑巧，果然天降甘霖，夏熟季节得到了丰收。于是，州官又要去石潭"谢雨"。这次谢雨之行，苏轼作了五首《浣（huàn）溪沙》词，描写农村的人物、景象，内容生动，格调清新，算得上是他在文学创作上的又一新的收获。其中一首是这样写的：

旋抹红妆看使君，三三五五棘篱门，相挨踏破茜（qiàn）罗裙。　　老幼扶携收麦社，乌鸢（yuān）翔舞赛神村，道逢醉叟卧黄昏。

使君是对州一级长官的习惯称呼，这里指苏轼自己。州官亲自到石潭谢雨，这在附近农村是件引人注意的大事。村里的姑娘们急忙梳妆打扮起来，要一睹使君的风采。她们想上前，又羞怯地不敢上前，结果是三五成群唧唧喳喳地在篱笆门旁推来挤去，把新换上的漂亮裙子都互相踩破了。黄昏时分，庆贺麦子丰收的谢神赛会刚刚收场，啄食祭品的鸟还在贪恋地盘旋飞舞，一个老头儿因多贪了两杯，竟然卧在道旁睡着了。词里充满了丰收的喜悦和由乡土民风带来的亲切感。作者着重描写村姑，而用醉翁作衬托，在强烈的对比反差之中取得了相映成趣的艺术效果。再如第五首是这样写的：

软草平莎（suō）过雨新，轻沙走马路无尘，何时收拾耦（ǒu）耕身？　日暖桑麻光似泼，风来蒿（hāo）艾气如薰（xūn），使君元是此中人。

雨后的农村，空气湿润，景物宜人。远望桑麻，露气浮光闪闪飘动；微风吹过，送来蒿艾特有的香气。作者不由得再度勾起了退隐躬耕的念头，而且径直宣称："使君元是此中人"，我原本就是这农村里的人啊。苏轼这话，作为一种情绪的流露，还是真切的，因为这是从他的生活实践中生发出来的。

徐州抗洪

乌台诗案

北宋神宗年间，伴随着变法而出现的党争，愈演愈烈。卷入这一政治漩涡的苏轼，受到了最为深重的迫害。尽管他从熙宁初年就自请外任离开了京城，尽管他历任地方官都有卓著的政绩，甚至获得皇帝的御敕奖谕，但仍然摆脱不了党争的迫害。新党政客从他的诗歌、文章中找寻借口，罗织罪名，接连几次向神宗皇帝上奏章，进行弹劾，终于在元丰二年（1079年）七月二十八日，从湖州（今江苏吴兴）知州任上将他逮捕，解至汴京，八月十八日入狱，二十日开审，直到年底（十二月二十九日）才宣布结案，贬到黄州（今湖北黄冈）。这就是历史上有名的"乌台诗案"。

"乌台"即御史台，是封建朝廷设立的监察机构。汉代的御史府衙里植有柏树林，经常有上千只乌鸦栖于其上，所以就把御史台称作"乌台"，后代也就沿袭了这个称呼。苏轼的"案子"

是御史台经办的,又是因为作诗而招祸入狱的,故而称之为"乌台诗案"。

神宗元丰二年,苏轼43岁这一年,是他一生经历中最为坎坷的一年。

他在湖州,发了几句牢骚

这年正月,苏轼还在徐州任上,突然传来好友文同死在陈州(今河南淮阳)的噩耗。"闻讣之三日,夜不眠而坐喟(kuì),梦相从而惊觉,满茵席之濡(rú)泪。"(《祭文与可文》)苏轼为什么这么哀痛?因为他与文同有着非同寻常的亲密关系。

文同(1018—1079年)字与可,梓州永泰(今四川盐亭)人。与苏轼沾亲,是他的从(zòng)表兄(从兄弟的表兄弟,而年长于己者)。曾任湖州(今江苏吴兴)知州,世称文湖州。是北宋著名的文人画家,擅长墨竹,自成一派,称"文湖州竹派"。苏轼对文同非常尊敬,这不但是因为这位从表兄比自己年长18岁,更重要的是苏轼视文同为绘画上的老师和诗文中的挚友,文同教苏轼画竹,让他掌握"意在笔先"——"胸有成竹"的文人写意画原则,并且对这位弟子的成就非常赞赏,把他看作嫡(dí)

派传人，对士大夫宣扬说："吾墨竹一派，近在彭城（徐州，当时苏轼在徐州任知州），可往求之。"他们二人在诗文书画等方面相互切磋唱和，一直是亲密无间的。还有，文同做地方官，为政宽明，能使百姓安居乐业，风俗淳厚，这也是使苏轼深表敬仰的。文同的突然逝世，使苏轼顿失良师益友和道义上的知己，他的极度悲伤，是在情理之中的。

这年四月，苏轼调任湖州知州，这当然更勾惹起他对文湖州的怀念，心情十分不平静。在到任后照例上给朝廷的"谢表"中，苏轼联系新旧党争激烈、派系倾轧严酷的情况，发了几句牢骚，说神宗皇帝是了解他苏轼的："知其愚不适时，难以追陪新进；察其老不生事，或能牧养小民。"生性愚笨，不能适应时务，难以追随陪伴飞黄腾达的权贵人物；连续做了几任地方官，年岁已渐老大，不会滋生事端，管理州县百姓，或许还是可以胜任的吧？这几句带刺儿的话，触怒了御史台的几位"新进"，他们是"权御史中丞"（代理御史台主管官员）李定，"权御史里行"（代理御史台见习官员）舒亶（dǎn）、何正臣。他们以《湖州谢表》为发端，从苏轼的一些诗文中罗织"罪证"，连续上奏章，诬以"指斥乘舆（皇帝）""讪上骂下""无尊君之义，亏大忠之节"等等。一场政治迫害、文字冤狱正在紧张地制造之中，而在湖州任上的当事人苏轼尚无察觉。

这年七月七日，苏轼在湖州曝晒他随身携带的图书字画，展玩文同画的一幅墨竹，再次勾起对亡友的思念，作了一篇《筼筜（yún dāng）谷偃（yǎn）竹记》。文章从画竹的理论与技法写到他们诗酒往还、戏谑笑乐的平生交谊，内容相当丰富。由往日的欢乐到眼前的悲伤，情感变化跨度极大，而作者却能碧落黄泉急转直下，抒写得淋漓尽致，的确是一篇很有特色的好文章。

罗织罪名的小人，已经在来抓捕他的路上

当苏轼还在湖州如同往常一样处理政务写作诗文的时候，京城里，御史台已经给他立下案子了。应该说，神宗皇帝本人对苏轼的印象还是不错的，此前不久，不是还曾亲自奖谕他在徐州的抗洪之功吗？神宗是在御史台连番上奏的情况下，才准许立案的。于是，一个名叫皇甫遵的太常博士，自献殷勤，承担带人去湖州拘捕苏轼的差事。临行前，向皇帝请求，要把苏轼作为重犯，连夜逮捕了交给主管机关监禁，神宗却说："只是根究吟诗事，不消如此！"让皇甫遵碰了个软钉子。看来，皇帝对苏轼倒是有些回护的。

原来早在宋朝立国之初，太祖赵匡胤（yìn）曾经立下戒条，

刻在石上，锁置殿中，历代皇帝即位之时都要入殿跪读，一体遵照。其戒有三：一、保全柴氏子孙（五代后周政权的小皇帝柴荣归顺于赵匡胤，双方立此条款）；二、不杀士大夫；三、不加农田之赋。清朝初年的大学者王夫之著《宋论》一书，论及此事，并论断说："自太祖勒不杀士大夫之誓以诏子孙，终宋之世，文臣无欧刀之辟。"欧刀，刑人之刀；辟，刑法。整个赵宋朝代，文臣没有被判处杀头之刑的。神宗不敢违背祖宗的训诫，对苏轼采取了回护的态度，所以苏轼不会因文字之狱而被杀头处死。不过，既然蒙受迫害，牢狱之灾已是不可避免的了。

皇甫遵立即上路，拘捕归案已成事实。此刻，苏轼的好友——驸马都尉王诜（shēn），立即派亲信把这一紧急情况报告给在距离京城较近的南京应天府（今河南商丘）做官的苏辙，让他派人火速赶到湖州，以便苏轼提前知道消息，有个准备。这样，拘捕的人和报信的人就展开了一场奔向湖州的速度竞赛。皇甫遵非常狡猾，他唯恐夜长梦多，故而昼夜兼程，报信的人眼看要落在后头了。真是老天有眼，给好人以照应。皇甫遵本是由自己的儿子伴随带领两名狱卒前往的，但经过润州（今江苏镇江）时，儿子病倒，求医问药，耽搁了半天，报信的人赶在了前头。

苏轼得知祸事临头，虽然出乎意外，却也没有惊慌失措。

那些让他获罪的诗文

七月二十八日，皇甫遵来到了湖州府衙，他那嚣张的气焰、倨傲的态度是可想而知的。苏轼想探探案情的轻重，很机智地宣称：自己既已触怒朝廷，传来的旨意必是赐死——圣命不敢违，请允许暂归后堂与家人诀别。这样，皇甫遵只得透露出"不至如此"四个字，及至看到文书，也只是一般寻常的"追摄行遣"，心里略有底数，才多少松了一口气。但还是立即被皇甫遵拘捕而去，"顷刻之间，拉一太守，如驱犬鸡"，二十天后到达汴京，被投入狱中。

御史台从苏轼的几十篇诗文中罗织了指斥皇帝、攻击新法的"罪证"材料，企图以之为据，从重定案。但是，作为指控的解释与原作的本来含义，相去太远，御史台是采取舍本逐末、歪曲夸大乃至牵强附会、无中生有等等手段制造文字冤狱的。

如苏轼在杭州通判任上，作过一首题为《吴中田妇叹》的诗（前面已经介绍过），本是真实地反映农村生活的实际情况的，只是末尾两句说："龚黄满朝人更苦，不如却作河伯妇。"意思是：如今的满朝官员纵然都像汉朝的龚遂、黄霸那样清正廉明，可是

人民百姓的生活却更加困苦了，吴中田妇与其这样活着还不如投河自尽呢！说推行新法的官员都可以比美龚、黄，固然语含讥讽，但全诗的主旨并不在此，何况诗的主要篇幅写的都是实情呢？中国的诗歌，从最早的《诗经》开始，就形成了一脉相承的"美"（歌颂）与"刺"（讽刺）的传统，苏轼不过是沿袭着传统的方式作诗罢了，没想到略施讽刺就被抓住不放了。

新法的重要措施之一是向农民贷发"青苗钱"，本想用这项贷款扶助农业生产，但在推行过程中，官吏趁机敲诈克扣，弊病很多。苏轼于熙宁六年（1073年）作《山村五绝》，其第四首从一个侧面指出了它的弊端，诗云：

　　杖藜裹饭去匆匆，过眼青钱转手空。赢（yíng）得儿童语音好，一年强半在城中。

诗里写的是个别的农民领着孩子带上吃的到城里去闲逛，花光了青苗钱，耽误了庄稼活，到头来只落得让儿童学会了城里人讲话的腔调。苏轼嘲笑这种游手好闲不务正业的懒汉固然无可厚非，只因提到了"青钱"，就被指控为反对新法。但苏轼反对的是青苗法的流弊，而且是公开地反对。他曾给朝廷上过《乞不给散青苗钱斛（hú）状》，其中陈述道："官吏无状，于给散之际，必令酒务（掌管酒税的部门）设鼓乐倡优，或关扑卖酒牌子（赌博，以酒为赌注）。"其大意是，在分发青苗钱的时候，因为缺少必要的规定，各级官吏乘机提倡卖酒、设赌。农民领到青苗钱后即刻花光，只好空手而回，而且每到这时，官府的酒税收入暴增。"此臣所亲见而为流涕者也。"亲见而流涕，何等真切而沉痛！《山村五绝》的诗句，不过是从另一个角度来表述罢了。

以上二例是与新法沾边的，至于捕风捉影无中生有的，那就更加离奇了。

苏轼写过一首题作《王复秀才所居双桧（guì）》的七言绝句：

凛（lǐn）然相对敢相欺，直干凌空未要奇。根到九泉无曲处，世间惟有蛰（zhé）龙知。

描写的是一位朋友住处的两棵桧树，健壮挺直，根深叶茂。如果有所比兴的话，也不过是以树喻人，歌颂一种正直刚劲的品质而已。但是，这首诗也作为"罪证"呈报皇帝和宰相审定。副相王珪在皇帝面前谗害说："陛下飞龙在天，而轼求之地下之蛰龙，其不臣（不合乎为臣之道）如此！"企图把蔑视当今皇帝的罪名加到苏轼头上。不料神宗却说："诗人之论，安可如此论？彼自吟桧，何预朕事！"又说："自古称龙者多矣，如荀氏八龙（东汉

荀淑有八子，皆有才名，称八龙）、孔明卧龙（汉末诸葛亮号卧龙），岂人君邪？"结果又碰了钉子。关于这首诗，苏轼在狱中回答审问时，也曾巧妙地说，王安石写过"天下苍生待霖雨，不知龙向此中蟠"，自己所说的也是这样的龙。这样一来，这条"蛰龙"的"罪状"显然是不能成立了。

一场虚惊后，他被贬黄州

苏轼被捕以后，对自己的案情轻重始终捉摸不定。虽然在湖州看到文书，心里似乎有了底数，但入狱后，立即盘问他的祖上五代，这又使他疑惑了。因为一般囚犯只问三代，死罪重犯才问五代。看来，既是御史台制造的文字冤狱，怎么审问，怎么定案，又有什么准则可言！苏轼的担心并不是多余的。他的长子苏迈，由湖州陪伴来到汴京，每天往狱中送饭，于是父子约定：如案情平顺，送肉食蔬菜；倘有恶化，送鱼。有一天，苏迈有急事，不得分身送饭，就委托给了别人，其人不知暗号，竟送了鱼去，苏轼一见大惊，自度性命不保了！这一场偶然造成的虚惊，反而促成苏轼写出了两首好诗，那就是在"苦泪渍纸笔"的情况下与弟弟诀别，安排后事留作遗嘱的《狱中寄子由》：

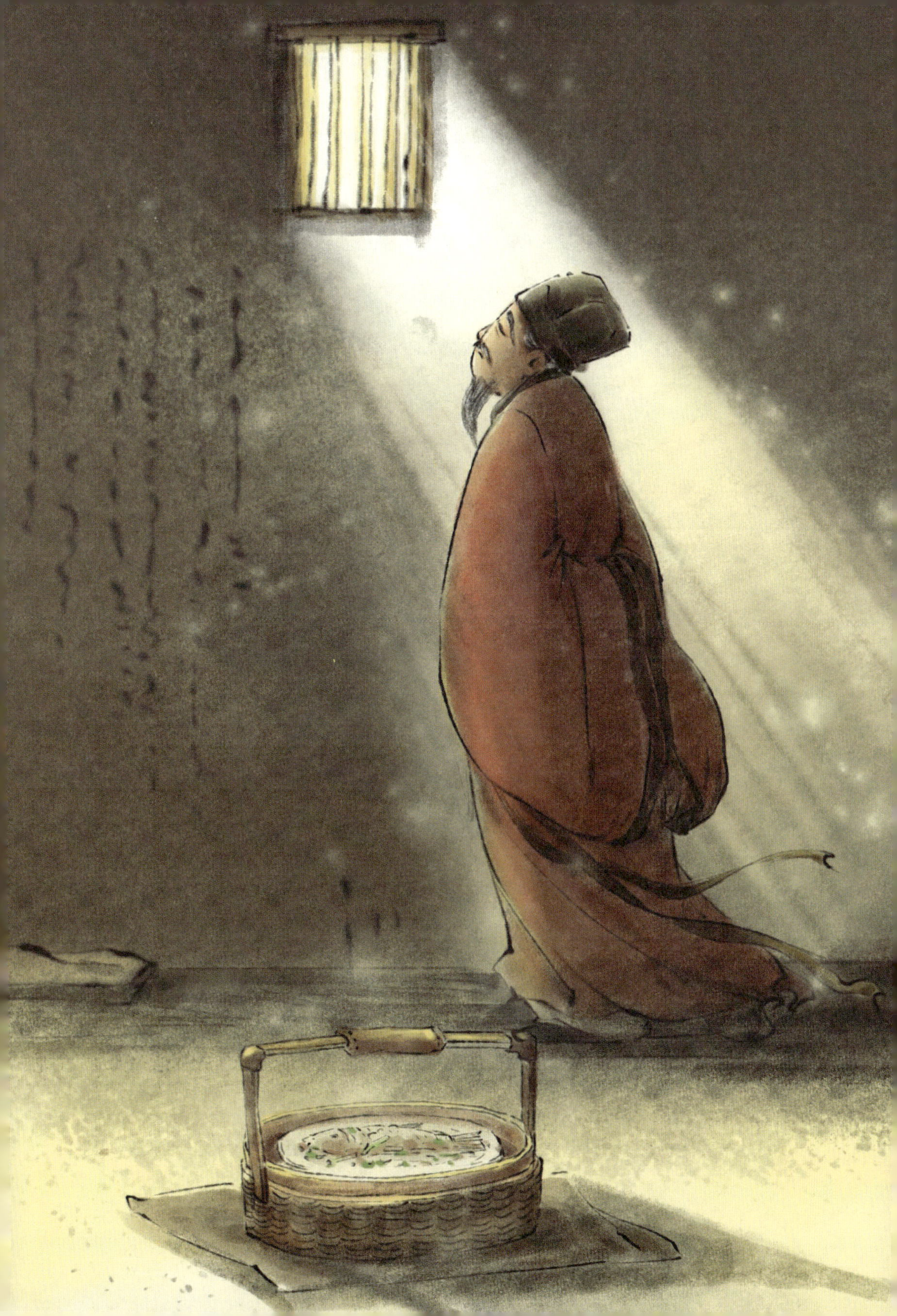

  圣主如天万物春，小臣愚暗自亡身。百年未满先偿债，十口无归更累人。是处青山可埋骨，他年夜雨独伤神。与君世世为兄弟，再结来生未了因。

  柏台霜气夜凄凄，风动琅珰月向低。梦绕云山心似鹿，魂惊汤火命如鸡。眼中犀角真吾子，身后牛衣愧老妻。百岁神游定何处？桐乡知葬浙江西。

当时在朝的和退隐的大臣之中，营救苏轼的大有人在。苏辙上书，代兄承认作诗语有"轻发"，并愿放弃自己的官职以赎兄之罪。宰相吴充、副相章惇（dūn）都劝神宗不要听信谀言而不容讦直之士。王安石已退居金陵，也上书说："安有圣世而杀才士乎？"当然，最关键的还是神宗皇帝遵从祖训，不杀士大夫。于是，"乌台诗案"终于在十二月二十九日审结，对苏轼的处理是："责授检校尚书水部员外郎，充黄州团练副使，本州安置，不得签书公事。""责授"，是惩罚性质的贬官授衔；"检校"，官衔之前，凡冠此二字者，皆为虚衔；"尚书水部员外郎"，属"尚书省"管辖的"水部员外郎"（尚书省辖六部，其中的工部之下又设水部，水部置郎中与员外郎各一），以上是虚设的官衔。"充"，是备位官员，相当于"候补"；"团练副使"，管理地方武装的副职官员，以上是虚设的官职。"本州安置",必须亲自到指定的州郡去老老实实地居住,再加上"不得签书公事",一共是两条具体的指令。对于这个处理,不宜笼统地说成是贬官黄州,因为衔和职都是虚设的,实际上与流放、编管差不多,只是名义上好听一些罢了。

畅游赤壁

"长江绕郭知鱼美,好竹连山觉笋香",这是苏轼《初到黄州》诗中的两句。黄州(今湖北黄冈)位于武汉以东一百多里处,长江自此由南下而东折,城的西面、南面都靠近江边,所谓"长江绕郭"指的就是这种情况。黄州的北方是大别山,西北近处有几座小山环绕,形成屏障,所谓"好竹连山"正是以此为根据。黄州的山川景物壮丽,尤其以城西北、长江边上的赤壁最为著名——而这又正是由于苏轼的游赏品题之所致。

遵照神宗皇帝"本州安置"的旨意,苏轼于元丰三年(1080年)二月到达黄州,直到元丰七年(1084年)四月诏令移往汝州才离开,在那里居住了四年零两个多月。这一时期,是苏轼文学艺术创作取得丰硕成果的黄金时期。

初到黄州，又惊又惧

"乌台诗案"对苏轼的打击是沉重的，此后如何安排自己的生活道路？他不得不认真地考虑和抉择。《初到黄州》诗，用轻松的口吻自我解嘲，流露的只是他思想意识中表层的东西，而他实际上的处境并不那么轻松。作为遭受迫害的逐臣，忧谗（chán）畏讥战战兢兢的心态是难以摆脱的。从他写给好友陈慥（zào）的信中可以看得出来：

> 示谕武昌一策，不劳营为，坐减半费，此真上策也。然某所虑，又恐好事君子，便加粉饰，云擅去安置所而居，于别路传闻京师，非细事也。虽复往来无常，然多言者何所不至。若大霈之后，恩旨稍宽，或可图此。更希为深虑之，仍且密之为上。

陈慥与苏轼是世交，当时隐居在岐亭（今湖北麻城境内），苏轼来黄州后，离得近了，交往更多。从信中推测，当时陈慥替苏轼谋划在武昌置办一处住宅，苏轼回信说这是上策，却行不得，因

为"好事君子""多言者"无所不在而且随时都会拨弄是非，须待"恩旨稍宽"再作图谋，最后还要叮嘱此事仍须"密之"勿泄。他那谨小慎微、惴惴不安的心态，完全流露于信的字里行间。

向佛老寻求精神安慰

但是，这种心态和苏轼的性格是不相容的，他必然要在思想上冲破现状，找寻新的精神支柱来进行自我调节，于是，很自然地，他就向着老、庄哲学和佛家思想靠拢了。

苏轼和我国古代其他一些知识分子一样，是在儒家"入世"和佛老"出世"的十字路口上游动，政治上通达就"兼济天下"，政治上穷困就"独善其身"。老子、庄周的"清静无为""万物齐一"的思想，在他以前的诗文中也曾不断地有所流露，但那往往是一时的闪念，似乎并不十分执着，来到黄州以后，处于政治失意之中，这种哲学成了他的急切需要，于是就在他的思想中占据了重要的地位。对于佛，他似乎是到了黄州以后才格外留意的。元丰三年（1080年），他写了一篇《安国寺记》，表示要"归诚佛僧"，一洗自己的过去，隔一两天，就要到寺里"焚香默坐，深自省察"，于是感到"物我相忘，身心皆空"，"一念清净，染污自落"。可以说，苏轼来到黄州以后，他那本来由儒家占据着主导地位的思想，向着佛家和道家更宽地敞开了门扉，而且给后者让出了更多的空间，从而形成了他的儒、释、道杂糅（róu）的思想。而且，儒家思想与佛老思想又是随着政治环境的变化而互为消长的，即："用之则行"，儒长而佛老消；"舍之则藏"，佛老长而儒消。但是，还有一层意思，即在苏轼思想的深处，儒与佛老，似乎还存在着一种本与末的关系，二者的消长比例尽管可以有很大的幅度，但儒家之本却从来不曾泯灭。因此，又可以说，苏轼的杂糅思想是以儒为"体"、以佛老为"用"的——这个"用"，就是调节作用、填补作用、平衡作用等等。总之，苏轼此时的思想可以用"外道内儒"四个字来概括。

苏轼"穷不忘道，老而能学"，不忘儒家之道，专治儒家经典，继承其父苏洵的未竟稿完成了一部《易传》，自己著述了一部《论语说》，另外还计划研究《书经》。在不动摇儒家之"体"的前提下，对于佛老，苏轼并不沉浸在它们的经义与玄理之中，他自谦的说法是自己愚暗闭塞不能理解其中的玄妙，而只是择取其中可以为"我"所"用"的东西，哪怕自己得到的仅仅是一些粗疏、浅显乃至假象的皮毛。这样，一种适应性极强的人生观和处世哲学就在苏轼的头脑中形成了。表现在他的精神面貌和性格特征上，可作如下的概括：聪明、正直（不是狡黠油滑和顽固死

板），真诚、坦率（不是幼稚单纯和少心没肺），豁达、开朗（不是无所用心和马马虎虎），乐观、积极（不是画饼充饥和轻举妄动）。苏轼的为人处世，往往表现为"外柔内刚"的特点，"柔"为的是灵活、适应，"刚"则体现了原则和本质。如同山泉之水，尽管可以随着瓶盎杯盏等不同的容器而改变形状，但始终不能改变其本质的清澈和洁净。

　　譬如，苏轼在黄州的生活非常贫困，他在给弟子秦观的信中作了十分形象的描述，说是每月取四千五百钱，分为三十份，挂到房梁上，每天用竿子挑下一百五十钱作为用度。苏轼的家口很多，拿这点钱过日子确实拮据，但他却能处之泰然，真有点像孔子的得意门生颜回那样，箪（dān）食瓢饮，人不堪其忧，回不改其乐的味道。面对贫困，苏轼不是愁眉苦脸长吁短叹，也不是乞怜告贷仰仗别人。正如他给朋友信中所说的："度囊中尚可支一岁有余，至时，别作经画，水到渠成，不须预虑。以此，胸中都无一事。"这就是苏轼在穷困面前的放达与乐观。他不是"车到山前必有路"式的听天由命，而是"别作经画"，有相应的措施，一方面厉行节俭，一方面躬耕谋食，开辟生活的来源。

　　正是因为有上述的思想基础和生活态度，所以苏轼在黄州期间的文学、艺术创作才能取得丰硕的成果。

黄州绽放：《念奴娇·赤壁怀古》

他的题作《赤壁怀古》的《念奴娇》（大江东去）词，最为历代读者所欣赏：

> 大江东去，浪淘尽，千古风流人物。故垒西边，人道是，三国周郎赤壁。乱石穿空，惊涛拍岸，卷起千堆雪。江山如画，一时多少豪杰！
>
> 遥想公瑾当年，小乔初嫁了，雄姿英发。羽扇纶（guān）巾，谈笑间，樯橹灰飞烟灭。故国神游，多情应笑我，早生华发。人生如梦，一樽还酹（lèi）江月。

奔腾不息的长江，波涛滚滚，向着东方流去。浪花冲洗之中，时光流逝，千百年来的英雄人物都成为历史的陈迹了。远远望去，还能看到古代军营的遗址，人们传说，在它的西边，就是汉末三国时代，东吴名将周瑜火烧战船大破曹兵的赤壁古战场。这一带江岸边，山势险峻，高峰插上云天；江面上波涛汹涌，拍打着堤岸，一浪推着一浪涌了过来，好像卷起了层层叠叠的白雪。面对

图画一般雄奇壮丽的山川景物，不禁引人追怀历史往事，想当年，有过多少英雄豪杰曾经在这座战场上耀武扬威啊！周瑜更是少年得志，英姿焕发，那时，他刚刚和小乔燕尔新婚，英雄美人，传为佳话。他手持羽扇，头戴纶巾，一派温文尔雅的儒将风度；他从容镇定，谈笑自若，指顾之间就让曹操的连江战船化作了灰烬。如今我来到这赤壁古战场，观赏江山风景，怀念英雄业绩，感到自己的心神都为之激荡了。江山本来无知，历史已成过去，我竟然如此动情，以致过早地白了头发，这纵然会招来人们的嘲笑，可我还是不能自已。江水滔滔，年华流逝，人生世间，真像一场大梦啊！我不由得举起酒杯，抬头仰望明月，俯身洒向江心，借此表示对千古英灵的祭奠吧！

发生在东汉建安十三年（208年）的"赤壁之战"，奠定了魏、蜀、吴三国鼎立的局面。但赤壁古战场并不在黄州，而是在黄州以西的嘉鱼县境内。从湖北到四川，长江沿岸的山石几乎都是赭赤色的，而且沿江直立如墙壁，所以有不少地方都叫赤壁。黄州的赤壁，本来叫做"赤鼻"（赤色山石，状如巨鼻，扎向江中），同音相混，也改作赤壁了。古人写作览胜怀古一类的诗词文章，无非是借景抒情、吊古伤今，地点是否十分确切，并无关紧要，苏轼明白这一点，故而词里写上了"人道是"三个字，以示其并不确切。再有，指挥"赤壁之战"的时候，周瑜34岁，结婚已经10年，其妻小乔并非"初嫁"，词里这么写，是为了突出表现周瑜少年英俊意气风发的精神面貌，取得更为动人的艺术效果，也是应该允许的。

　　苏轼在这首词里所表达的思想感情内涵是十分丰富而复杂的，可区分为主观与客观两个方面。主观方面，他因被"安置"在黄州心情苦闷，用以求得解脱，表达他的开朗放达的生活态度。客观方面，通过写赤壁江山景色和八百多年以前的历史人物、英雄业绩，表现了他的满怀热情，他由衷地赞叹："江山如画，一时多少豪杰！"如画江山是雄奇壮丽的，风流人物是英俊焕发的，历史功业是宏伟壮烈的，所有这一切，都对他产生了强烈的感召力，使得他"神游"故国，把自己的身心情感都沉浸在其中；有兴奋、鼓舞，有向往、追求，也有陶醉、慰藉……追步古人，建功立业的夙志当然也在熠熠生辉。但是，当他联系到自己的遭际和处境的时候，又立即产生了深刻的矛盾，这是多么的不相谐调啊！他无法"解决"这个矛盾，故而需要"解脱"。于是，老庄哲学里的虚无思想就被他用上了。刚刚赞美过的一切又都化作了虚无，人生既如梦幻，千古豪杰不过是历史上的匆匆过客，丰功伟业只能留下故垒陈迹，而人们的追怀凭吊也只能是自作多情了。但是，江山仍是江山，历史仍是历史，客观存在的一切是不会消失的，用虚无的眼光去看待它们，对于苏轼来说，这只不过是一

畅游赤壁

种自我调节的、解脱苦闷的手段和方式而已。总的说来，对于这首词，我们要有分析、有区别，从作者所描绘的江山景物、历史画卷、英雄形象之中汲取积极向上的精神营养，而对"人间如梦"的老庄思想，则要了解它的来龙去脉，同时知道它在作者思想中的地位和在作品中的作用也就可以了。

黄州绽放：前后《赤壁赋》

同一年的七月十六日，正当秋风初凉的明月之夜，苏轼约了几位朋友，乘舟在黄州赤壁一带作江上之游，写了著名的《赤壁赋》。《赤壁赋》共两篇，十月十五日，原地重游，同题再赋，遂标"前""后"，以作区分。

赋，是介乎诗歌与文章之间的一种我国古代的文学体裁，近于现代所说的散文诗。它以事件作骨架，进行铺叙式的描写，也可穿插典故，发挥议论，句式、韵脚都比较自由，是一种表现力很强的文学形式。

《前赤壁赋》：

壬戌（xū）之秋，七月既望，苏子与客泛舟游于赤壁之下。清风徐来,水波不兴。举酒属(zhǔ)客,诵"明月"之诗,歌"窈窕"之章。少焉,月出于东山之上,徘徊于斗牛之间。白露横江,水光接天。纵一苇之所如,凌万顷之茫然。浩浩乎如凭虚御风,而不知其所止;飘飘乎如遗世独立,羽化而登仙。

首先交代时间、地点、人物、事件,这是作赋的一般体例,以下的铺叙描写都是在此基础上展开的。开头这一段,以清风明月描绘江景,以饮酒诵诗抒写心情。所诵之诗,是《诗经·陈风·月出》一篇,因其中有"月出皎兮""舒窈纠(窕)兮"的句子,故称"明月"之诗、"窈窕"之章。月亮升起以后,天光水色连成一片,茫然万顷,游人荡起小船,如同在天空任意飘浮,其乐犹如飞升成仙。以上为《前赤壁赋》的第一段。

于是饮酒乐甚,扣舷而歌之。歌曰:"桂棹兮兰桨,击空明兮溯流光。渺渺兮予怀,望美人兮天一方。"客有吹洞箫者,倚歌而和之。其声呜呜然,如怨,如慕,如泣,如诉,余音袅袅,不绝如缕。舞幽壑之潜蛟,泣孤舟之嫠(lí)妇。

以上是第二段。吟诵古诗不足以尽兴,于是敲着船舷作节拍,

畅游赤壁

75

唱起了即景生情的歌子。歌词中的"望美人"云云，本是一般的寄托之词，不见得实有所指。客人吹箫伴奏，却从这句歌词中吹出了低沉悲凉的情调，顷刻间驱散了欢乐的气氛。那箫声委曲婉转，余音不绝，其感染力之大，可使水底潜伏的蛟龙起舞，可使孤舟寡居的嫠妇哭泣。气氛的变化造成了文章的波澜，于是引出了吹箫客对江山历史、人生哲理的一段议论，那就是第三段的内容了。

苏子愀（qiǎo）然，正襟危坐而问客曰："何为其然也？"客曰："'月明星稀，乌鹊南飞'，此非曹孟德之诗乎？西望夏口，东望武昌，山川相缪（liáo），郁乎苍苍，此非孟德之困于周郎者乎？方其破荆州，下江陵，顺流而东也，舳舻千里，旌旗蔽空，酾（shī）酒临江，横槊（shuò）赋诗，固一世之雄也，而今安在哉？况吾与子渔樵于江渚之上，侣鱼虾而友麋鹿，驾一叶之扁（piān）舟，举匏（páo）樽以相属，寄蜉蝣于天地，渺沧海之一粟。哀吾生之须臾，羡长江之无穷，挟飞仙以遨游，抱明月而长终。知不可乎骤得，托遗响于悲风。"

设为主客问答，也是作赋的一般体例，而且问答的谈话往往构成作品的主要内容。箫声感染了苏轼，使他愀然动容，于是理理衣襟，挺胸坐直，表示要郑重而尊敬地聆听客人的高论。客人的这一段答话，可以和《大江东去》互相参照，当年赤壁一场大战，周瑜固然占尽风流英名盖世，而他的对手曹操也非等闲之辈。这段赋文着重写曹操。曹操扫平北方群雄之后，乘胜挥师南下，他的声势，他的军威，特别是他本人那一世之雄的气概，都在赋文中得到了生动的描绘。可是，一个"而今安在哉"的疑问，就把他推入了历史的陈迹之中。以下，客人又从空间和时间两大范畴把人类自身的渺小短暂和宇宙自然的广远无穷作了对比，感到无能为力，悲不自胜。

　　苏子曰："客亦知夫水与月乎？逝者如斯，而未尝往也；盈虚者如彼，而卒莫消长也。盖将自其变者而观之，则天地曾不能以一瞬；自其不变者而观之，则物与我皆无尽也，而又何羡乎？且夫天地之间，物各有主，苟非吾之所有，虽一毫而莫取。惟江上之清风与山间之明月，耳得之而为声，目遇之而成色，取之无禁，用之不竭，是造物者之无尽藏（zàng）也，而吾与子之所共适。"

这第四段写的是苏轼对客人的劝慰和开导。赋里的问答对话本是

畅游赤壁

虚拟的,是苏轼自己的内心独白,是他的思想矛盾的反映,自己诉说苦恼,然后又作自我宽解。他用老庄哲学看待人生和自然界,认为物与我都有无尽的、永恒的一面,应该以旷达乐观的态度对待生活,充分领略大自然的"无尽藏",在清风明月之中怡然自适。

  客喜而笑,洗盏更酌。肴核既尽,杯盘狼籍。相与枕藉乎舟中,不知东方之既白。

这几句是最后一段,从叙事的角度交代赤壁之游淋漓尽兴的情况。获得宽解之后,主客都极为欢乐,于是畅饮大嚼,醉后,就横倒竖卧地睡在舟中,直到第二天清晨,东方已经发亮了,他们还没有醒过来。这种无拘无束、放浪形骸的情况,足以说明超脱人生投入自然的轻松和喜悦。

《前赤壁赋》以叙事为骨架,在描绘秋夜江景、穿插历史事迹的同时,着重以老庄阐发了人生哲理,"只用寥寥数百字,就把人在宇宙中之渺小的感觉道出,同时把人在这个红尘生活里可享受的大自然丰厚的赐予表明"(林语堂《苏东坡传》)。但是,我们今天读这篇赋,眼界不妨更高一些,应该强调:在承认宇宙无限的同时,还应看到人类主宰性的作为;在接受大自然的赐予

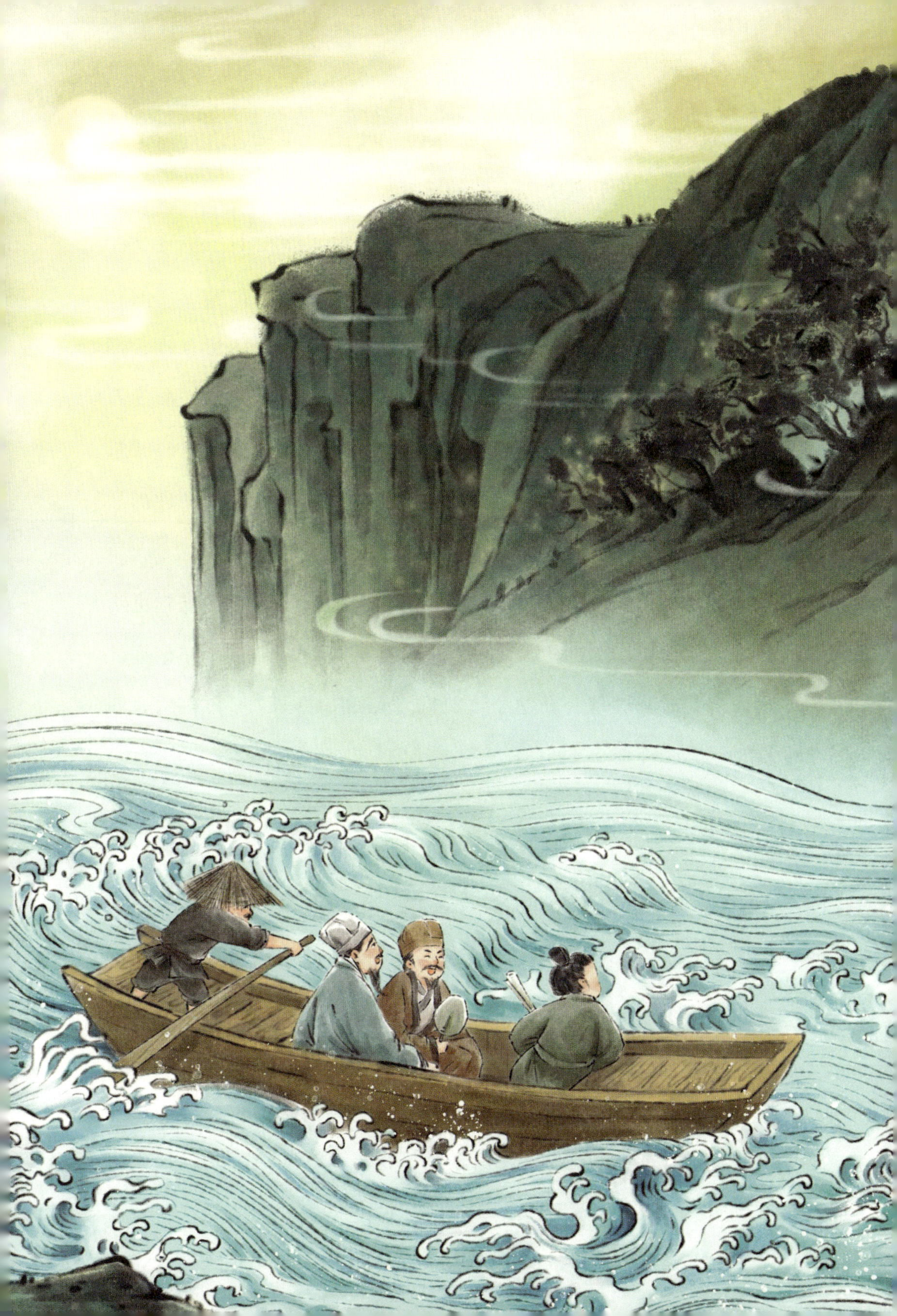

的同时，还应看到人类创造性的贡献。

　　苏轼再次泛舟赤壁，是在三个月之后，即元丰三年（1080年）十月十五日。当时已是初冬季节，《后赤壁赋》所描绘的就是另一番景象了：岸边是"霜露既降，木叶尽脱，人影在地，仰见明月"；江上是"江流有声，断岸千尺，山高月小，水落石出"。后赋还描写了状如虎豹虬龙的山间怪石，叙述了由横江东来的孤鹤而引出的道士飞升的梦境，从而使得作品更有一种幽渺神奇的格调。

　　苏轼游览黄州赤壁，写下了一词二赋，文学名作的光彩也给那一处江山增添了声誉。如今，那个地方经过修葺（qì）整理已经开辟为游览胜地，新建了"二赋堂"和"酹江亭"，以示对苏轼的纪念和追怀。

书法瑰宝：《黄州寒食诗帖》

　　苏轼是一位多才多艺、全面全能的文学家、艺术家。他在黄州四年多，不仅文学创作取得丰收，艺术创作的成就也达到了高峰。关于他的艺术，以书法最为突出。

　　这要从著名的《黄州寒食诗帖》说起。

古代风俗,清明前二日为寒食节,禁火,只能吃冷饭,这是为了纪念隐士介之推。春秋时,介之推隐居在绵山,晋文公请他出来做官,他不肯,于是进而以放火烧山相逼,他竟然抱着一棵大树活活烧死。人们赞叹他的品德高尚,故而立节设禁以为纪念。元丰五年(1082年)的寒食节,黄州阴雨连绵,苏轼心情抑郁,作诗《寒食雨二首》:

自我来黄州,已过三寒食,年年欲惜春,春去不容惜。今年又苦雨,两月秋萧瑟。卧闻海棠花,泥污燕脂雪,暗中偷负去,夜半真有力,何殊病少年,病起头已白!

春江欲入户,雨势来不已,小屋如渔舟,濛濛云水里。空庖煮寒菜,破灶烧湿苇,那知是寒食?但见乌衔纸。君门深九重,坟墓在万里。也拟哭途穷,死灰吹不起!

诗的格调很悲凉,说自己就像经历了凄风苦雨的海棠花一样凋谢在泥污之中。本来已经把寒食节忘记了,还想在空屋破灶之中点燃湿苇煮些野菜充饥,及至看到乌鸦衔起纸钱,才恍然记起。于是,由介之推的遭遇想到君臣关系,由寒食清明的祭奠想到家乡:皇帝的宫门有九重之深,欲归朝而无望;祖先的坟茔在万里之遥,欲祭扫而不能。自己的处境真是末路穷途,心如死灰了。

苏轼作成此诗之后，又用行书字体书写在纸卷之上，从此这幅墨迹就作为艺术瑰宝，世代为人珍爱，一直流传至今。纸卷长三尺九寸，宽一尺一寸二分，字迹共十七行，每行由五字至十字不等（篇末一个"起"字，独占一行，不计），各字大小不等，最大的约有二寸许。第九行衍一"雨"字、第七行误一"子"字，都加上了旁点；第六行漏一"病"字，已补。这些情况说明，苏轼这幅墨迹不是（或者不只是）着眼于诗歌，用文字来誊写抄录，而是（或者同时是）着眼于书法，用诗歌作题材来进行艺术创作。所以，字形大小不求均等，行款格式不求机械式的整齐，多写一字、少写一字、误写一字都不十分计较。历代的书法艺术鉴赏家、收藏家都对这幅墨宝崇扬备至，"英爽高迈，超入神妙""兴到之作，纯乎天机""沉着中有飞舞之势"，如此等等赞美之词可以查找到很多，而一致的论断是：在苏轼全部传世的书法作品中，此作绝对数第一，"必以此为甲观"，在我国全部行书书法艺术遗产中，它数第三，称作"天下第三行书"（第一是晋朝王羲之的《兰亭序》，第二是唐朝颜真卿的《祭侄稿》）。

苏轼的书法艺术成就非常高，被列为宋代四大书家的第一人〔其余三人是黄庭坚、米芾（fú）、蔡襄，合称"苏黄米蔡"〕。他擅长行书、楷书，以点画丰满、结体宽博形成了自己的独特风格，在书法艺术的精神气质的内涵上，他特别强调和积极追求的则是一个"意"字。他曾反复地谈论书法的"意":"我书意造本无法,点画信手烦推求。"(《石苍舒醉墨堂》)我的书法是根据"意"来创造的,根本就没有什么固定的技法,字的点画都是信手写成,不必过多地去探讨研究。"苟能通其意,常谓不学可。"(《次韵子由论书》)学习书法的人,只要能够透彻地了解它的"意",其他的方面是可以不必学的。可见他把"意"看得是多么重要。

什么是书法的"意"?即如果把点画和结体看作书法外在的"象",那么,"意"就是其内在的精神和气质。"象"和"意"是统一的,是互相依存的——无"象"不足以表其"意",无"意"不足以立其"象"。用苏轼的话说——"书必有神、气、骨、肉、血,五者阙(quē)一,不为成书也。"(《论书》)"意"从哪里来?古人常说"书如其人",书法是人(书法家、书写者)的一种外在表现,它往往反映着人的多方面的修养,包括道德、学问、性格、才情等等,而归结起来就是人的精神气质。所以,书法的"意"是从多方面的修养中得来的,这也就是学习书法的人们都要追求"字外功夫"的原因。

书法作为一种艺术,它也贵在独特、贵在创新,但是,作为任何一名书法家,他都不能不接受历史传统和时代风尚的影响,于是,如线贯珠,既有前后的线索勾连,又有各朝代各大家的独

畅游赤壁

特而新颖的成果，一部中国书法艺术史就是这样构成的。前人考察书法史，得出了"晋人尚韵，唐人尚法，宋人尚意"的简要概括，把王羲之、颜真卿、苏轼看作是代表书法史三大阶段的三位大师。因此，《黄州寒食诗帖》被称作"天下第三行书"。

这卷诗帖充分体现了苏轼关于书法艺术的理论主张，是在信手点画之中"意造"而成，是其"积学"的闪耀，是"无意于佳"乃得到的最佳之作。

前面已经说过，《寒食雨二首》诗歌表现了苏轼当时低沉抑郁的心情，而这卷帖则通过书法独特的"艺术语言"传达了作者同样的心情，诗歌之"意"与书法之"意"融合一起。总的看来，第一首诗字形较小，第二首诗字形转大，这由小转大的变化中反映了苏轼进行书法创作时思想情绪起伏波动的情况与趋势。诗的首行与末行相对照，字形几乎增大一倍，尤其是"哭途穷"三字更为伟岸杰特，这正是适应达"意"的需要，不如此是不能足其"意"的。此外，书法在表现作者情绪的低沉抑郁的同时，还隐含着一种冲破这种心境的强烈意向，于是就形成了冲击与阻塞的矛盾（甚至可以说是"斗争"），同时也形成了这卷诗帖的以刚健为基调的特点（苏轼论书法，讲究"刚健含婀娜"，此卷婀娜成分较少）。诗帖中的"年""中""苇""纸"四个字的"悬针"笔画，挺劲、尖利，有一股摧之欲穿的猛烈劲头。一般书家处理这样的笔画时，下方总要留些空白，以畅其气，以泄其势，可是苏轼写这卷帖时却不，他用下面的字紧紧地阻塞，而且让"中"字插入了"偷"字的缝隙，让"苇"字连上了"那"字的笔画，在这几个地方，偏偏不许它通畅，不许它宣泄，这就把诗人内心深处的积愤通过书法的"艺术语言"表现了出来。

寒食诗帖可以说是一卷惊心动魄的书法瑰宝，可以代表苏轼在书法上的艺术成就，前人断言苏字"必以此为甲观"确实有道理。

畅游赤壁

躬耕东坡

苏轼的更为响亮的名字是他的别号——东坡，那是他在黄州开垦荒地亲自耕种时取的。

神宗元丰四年（1081年），苏轼来到黄州的第二年，生活更加困难。

有位马梦得，一直追随苏轼二十年，当是幕僚身份，可苏轼一直把他当作朋友对待。苏轼被安置在黄州以后，马梦得也没有离去，仍然和苏轼在一起过着穷苦的生活。苏轼在《东坡志林》中写了这样几句："马梦得与仆（作者自称，谦词）同岁月生，少仆八日。是岁生者无富贵人，而仆与梦得为穷之冠；即吾二人而观之，当推梦得为首。"较量贫穷以为戏谑，既见二人交谊也见二人性格，正所谓同气相投。

苏轼为了谋求生存，由马梦得出面向官府借到了一块荒地来亲自耕种。这块地约有数十亩，在黄州城东，原先作过军营，废弃有年。附近是"岗垄高下"的丘陵地带，地还算平旷，因它的东边连着高岗，故形成一片坡地，苏轼根据它的位置和地形，取名东坡。同时又联想到，他素来仰慕的唐代大诗人白居易曾经在忠州（今重庆忠县）一个也叫东坡的地方垦地种花，这样两相契合，东坡这个名称真是再恰当不过了。然而，白居易是种花玩赏，苏轼是种粮充饥，两个东坡的滋味是大不相同的。

从此，苏轼自己也启用了东坡的别号，自称"东坡居士"。居士，是佛家语，一些信奉禅宗佛教的人，不必出家削发为僧，可以居家带发修行，这样的信徒，称作居士。"东坡居士"这个别号，既标志着艰难困苦的躬耕生活，也标志着靠拢佛老的思想状况，对他安置黄州的这一阶段来说，确实是名实相符的。

垦荒种地在东坡

躬耕从垦荒开始。在苏轼根据自己的切身体验写出的《东坡八首》诗中，首先描述的是"垦辟之劳，筋力殆尽"的情况：

废垒无人顾，颓垣满蓬蒿。谁能捐筋力，岁晚不偿劳。独有孤旅人，天穷无所逃。端来拾瓦砾（lì），岁旱土不膏。崎岖

躬耕东坡

草棘中,欲刮一寸毛。喟焉释耒(lěi)叹,我廪(lǐn)何时高?

围绕这首诗,可以引发很多联想。中国古代的知识分子,总不免要在出仕和归隐这两个方面徘徊和抉择,而且普遍认为归隐是不慕荣利品德高尚的表现,而最彻底的归隐又数躬耕田园自食其力最为高尚。总之，古代各式各样的隐士很多，而真正做到躬耕的，则为数寥寥，举得出名字来的，恐怕只有一个陶渊明，再就是一度不得不走这条路的苏东坡了。

苏轼清醒地认识到他当时在黄州的处境，作为"孤旅人"，逃出穷困的唯一办法，只有使出自身的力气来开荒，但能否有所收获，能否补偿这番劳苦，还都未可知，于是他不由得喟焉长叹了。虽然他以前也曾常常表示愿意"归耕"，如在徐州做官时就写过"何时收拾耦耕身""使君元是此中人"的词句，但那只是说说而已，充其量不过是一种精神上、心理上的追求与向往，现在，却要动真格的，挥起家什出力流汗了，所以他那感喟的内容是相当丰富而复杂的。值得赞赏的是，苏轼以他的开朗豁达的心胸，对这些都勇于承受，而且承受得很好，走出困境，找到乐趣。

开荒烧除枯草时，发现了一口废井，经过浚理，果得清泉，用水方便了，他的心里更踏实了。播下的麦种长出了小苗，他满心喜悦，当地老农热情地教给他管理方法，他十分感谢，从而增长了农业生产的知识。待到收获时，恰值好友陈慥来访，他拿亲自耕种出来的东西招待客人，更有一种特殊的喜悦，他作诗说："东坡有奇事，已种十亩麦。但得君眼青，不辞奴饭白。"读书做官的苏轼居然能自己种麦，这当然算得"奇事"，他不但欣慰，还有几分自豪，于是爽快地对老朋友说："只要你肯赏光，有的

躬耕东坡

是白面招待。"从以上几个生活片段中，可以看出苏轼的躬耕生活过得相当充实，精神也很愉快。

"东坡草堂"落成

垦荒种地之外，苏轼还把东坡规划布置了一番。"嗟我五亩园""不令寸地闲"，托人从故乡四川向老友曹元修找来一种特殊的蔬菜种子，把它称作"元修菜"，还表示要让这一好品种在黄州广泛引种。还种植了桑、茶、桃、橘、枣等果树及竹子，这些植物除了观赏之外，还有生活资用方面的价值。冬季农闲时节，苏轼又在东坡修建了一座房子，因为是在一个下大雪的日子里竣工的，故而命名"雪堂"。墙壁上画以雪中寒林、江上渔翁，自书"东坡雪堂"四字题为匾额。雪堂的建成，使苏轼有了一个写字画画寄托身心的理想处所，故而应该看作是他在黄州生活中的一件大事。雪堂也给后人留下了一些可资记述的事迹。北宋的大书画家米芾22岁时，曾到雪堂拜访，苏轼热情地接待了这位年轻人，跟他谈论书画很是投机，对他的成长大有帮助。南宋的大诗人陆游也曾到过雪堂，不过那是苏轼死后七十年的事情，陆游到雪堂，是对雪堂主人表示仰慕和凭吊。

和陶渊明做朋友

躬耕生活的实践,使苏轼把东晋诗人陶渊明树为自己的榜样,也可以说,他从我们的民族文化传统中找到了陶渊明这位千古知己。这种认识集中表现在他的一首《江城子》词里:

> 梦中了了醉中醒。只渊明,是前生。走遍人间,依旧却躬耕。昨夜东坡春雨足,乌鹊喜,报新晴。　雪堂西畔暗泉鸣。北山倾,小溪横。南望亭丘,孤秀耸曾城。都是斜川当日景,吾老矣,寄余龄。

苏轼在词里,处处把自己和陶渊明相比附,找到了相同之点,从而感到自负、欣慰。对人生、对社会,冷眼相观,洞悉练达,即便是睡梦中也能了然于心,酒醉时也能保持清醒。在这一点上,只有陶渊明和自己一样,所以把他看成是自己的前生前世。苏轼曾经自称:"吾饮酒至少,常以把盏为乐。往往颓然坐睡,人见其醉,而吾中了然,盖莫能名其为醉为醒也。"(《和陶饮酒·叙》)这几句话是对第一句词的最确切的注解。陶渊明作过《饮

酒二十首》，苏轼戏作评论："正饮酒中，不知缘何记得此许多事"，这也是所谓"醉中醒"的旁证。苏轼和陶渊明再有一点重要的相同，那就是都经历了仕途的坎坷，走上了隐居躬耕的生活道路。由于躬耕的需要，对于季候节令、风雨阴晴会有一种特殊的关切，所以，春夜足雨之后，次日凌晨的乌鹊报晴，给苏轼带来的喜悦也就可想而知了。词的下半部分，把东坡雪堂和陶渊明游览之地——斜川相比。陶渊明躬耕于柴桑（今江西九江）故里期间，有一次，约了邻里朋友到附近的斜川游览，该地能望见庐山，也能望见落星寺，风景很好，陶渊明有《游斜川》诗，纪其事。苏轼的词，说雪堂周围景色也很好，有山冈，有流泉，也看得到远处的峰峦和建筑，可以说"都是斜川当日景"，自己能够终老于此，也就心满意足了。

苏轼对陶渊明，可以说是倾注了亘古独有的热情。

一位朋友送给他一部大字厚纸的善本陶集，他爱不释手，"每体中不佳（心情不好），辄（zhé，总是）取读，不过一篇，惟恐读尽后无以自遣耳。"由于过分喜爱而舍不得一气读完，这是一种多么微妙而真切的心理，而每次只限一篇的反复诵读，可见苏轼对陶诗体味得何等深刻与细致。他还曾发挥自己的书法专擅，用小楷字体精心缮写陶渊明的集子，交付能工巧匠按照原字勾摹雕版印刷，刻印出了一种最珍贵的陶集版本。（原书惜已失传，明末汲古阁毛氏曾重摹翻刻。）更为难得的是，苏轼曾陆续用了五年时间，针对陶渊明的全部诗歌，写了一百多首"和诗"（"和"字读去声 hè）。"东坡和陶"成为我国诗歌史上的一朵奇葩。

所谓"和诗"，是针对原作诗歌的内容，或模仿，或对答，并且采用原诗的体裁形式，甚至采用相同的韵字（原诗押韵的地方所使用的那个具体的字）而写作的诗歌。也可借用原题另作发挥，但必须采取和原诗相同的形式。有了和诗之后，就可以把原诗称为"唱"，我们常说诗人之间互相"唱和"，就是这个意思。

苏轼的"和陶诗"，始作于哲宗元祐七年（1092年），那年他一度出任扬州知州，故其写作地点是扬州；大部分作于哲宗绍圣初年，被"安置"在惠州（今广东惠阳）期间；最后完成是在绍圣四年（1097年）被"安置"在儋（dān）州（今海南儋州）的时候。写作"和陶诗"虽然是"躬耕东坡"之后的事，可它的酝酿与植根是在黄州躬耕时期。

苏轼的"和陶诗"曾由他的弟弟苏辙搜集整理，编为两卷，并写了一篇《东坡先生和陶渊明诗引》，对这类诗歌作了介绍。

苏轼钦慕陶渊明，但他没有做到"不为五斗米折腰"，而是在宦海中历尽了沉浮，直到六十多岁被"安置"到了海南岛上，才发出了"深愧渊明"的慨叹。对于这个情况，苏辙在那篇"诗

引"中说他哥哥学习陶渊明并不到家，但是接着又说，他哥哥的行迹还是班班可考的，心地也是光明磊落的，后世的君子必定能够对他作出公正的评价。苏辙的话，适合他的身份，说得很得体。

从苏轼自己这方面说，他是"外道内儒"，入世从政的愿望始终植根在他的头脑之中。他钦慕陶渊明，更多是着眼在一个"真"字上，他曾说："渊明欲仕则仕，不以求之为嫌；欲隐则隐，不以去之为高。饥则叩门而乞食，饱则鸡黍以延客。古今贤之，贵其真也。"他正是怀着"不以为嫌"的坦荡心情出仕的，满以为凭着自己的真诚可以把政务做好，可是万万没想到竟然跌到了党争的夹缝之中，两面不讨好。所以，总结三十多年的教训，他才感到"深愧渊明"，并表示"欲以晚节师范其万一"。

翰林学士

神宗皇帝赵顼（xū）对苏轼的才学颇为赏识，打算逐步地起用他。于是，于元丰七年（1084年）下诏把苏轼的虚职改为"汝州团练副使"。这种情况叫做"量移"，汝州（今河南临汝）离京城较近，由较远的黄州调至该处，也是一种关照，一种起用的表示。

面对一纸"关照"的公文，何去何从，苏轼犯了踌躇。一方面，他舍不得离开黄州，因为他对自己苦心经营、洒下了汗水的东坡、雪堂，对苦中有乐的躬耕生活，有着深深的留恋，鉴于此，他可上表请求留下；另一方面，皇帝的旨意不便违抗，何况这又是起用的迹象呢！权衡的结果，他还是选择了后者，他头脑中固有的"用之则行""不以求之为嫌"的观念终于占了上风。他在写给陈慥的《岐亭五首》诗中，甚至高唱"愿为穿云鹘，莫作将（jiāng）雏鸭"，再度唤起了积极从政的夙志。这年四月，他离

开黄州北上，作了一首颇为风趣又很得体的《别黄州》诗，诗中苏轼自谦老弱驽钝，犹如病疮之马，可是仍然得到君王的垂恩照顾，纵使留恋东坡、雪堂，也不得不舍之而一身归去。下文就转为轻松了：黄州出产的"长腰米"，我非常喜爱，经常让它把肚皮撑得饱饱的，汝州可不好，那里的水土容易让人脖子上长大瘤，可是，既然已经"量移"该地，我只好现在就裁剪一件领子特别宽大的衣服，预先做好准备吧。最后两句是说，自己虽有投老江湖归隐不仕的打算，可是皇上却不肯抛弃（这是根据诏书上"人才实难，不忍终弃"的话说的），那么，自己只有黾（mǐn）勉从事，好自为之，以免将来招致朋友们的非议了。既跃跃欲试又谦恭谨戒，所以说这首诗写得非常得体。

途经庐山，写下了《题西林壁》

离开黄州，先是沿江东南而行，很快就到了庐山。苏轼在游览中获得感受，写下了一首著名的哲理小诗，因当时是题写在西林寺的粉壁上的，所以叫做《题西林壁》：

横看成岭侧成峰，远近高低各不同。不识庐山真面目，只缘身在此山中。

俗语说，"旁观者清，当局者迷"，这首诗就讲这个道理。人们观察事物，各有不同的立场和角度，必然会产生不同的认识，是否都正确，就不尽然了，应当扩大眼界，缩小局限，广泛比较，深入分析，或许可以避免或减少主观性与片面性。哲理是从生活实践中总结出来的，苏轼能够针对庐山风景，用浅近的比喻阐发深刻的道理，这说明他已经在生活中磨练得相当老成了。当时他是朝着靠近京城的汝州进发，与当年他们兄弟进京科考做官，"二陆初来俱少年"那种意气飞扬的情绪相比，可以看出岁月与坎坷在他心灵上留下的刻痕。

金陵：苏王之会

长江折向东北，苏轼又于同年七月泊舟金陵（今南京），在那个六朝建都的江山形势之地停留了一些时日，这期间，与王安石会见。王安石比苏轼年长16岁，算得上一位前辈人物。苏轼并没有从他父亲写的那篇著名的《辨奸论》里把对王安石的偏见继承下来。苏轼反对变法，与王安石"论事不合"，在政治主张上存在着分歧，但对这位前辈人物的人品、学问还是敬重的。那时，王安石早已罢相，退居金陵已有八个年头了。一天，他老态龙钟地穿着便服、骑着毛驴到江边来会见苏轼，两人不论官品，不拘礼仪，谈话轻松愉快。随后，诗酒唱和，又有几次往还。苏轼当时曾游览蒋山，所作诗中有"峰多巧障日，江远欲浮天"的句子，

王安石非常赞赏，说："老夫平生所作诗，无此二句（不曾有过这么好的两句）。"并且作了和诗，再加称誉。苏轼的诗句，虽是描写山川景物，却也能让细心的读者引发出比喻象征的意思来，王安石于赞叹的同时，大概会联想到当年他居相位时任人、处事的好多情况，也会联想到如今应该采取怎样的心胸气度。苏轼当时作了四首诗《次荆公韵》，以和王安石的原作，其中一首写道：

骑驴渺渺入荒陂，想见先生未病时。劝我试求三亩宅，从公已觉十年迟。

意思是说，十年之前，早就该向王安石请益，与他建立交谊，如今已经感到追悔莫及了。离开金陵之后不久，苏轼就写信给王安石，极表恭敬与热情之意。可惜，一年后王安石就去世了。

在朝汝州进发的路上，苏轼一直在考虑如何安顿家眷，在什么地方落脚安居的问题。行至泗州［今江苏盱眙（xū yí）］的时候，他已决定上书皇帝，请求安置到常州（今江苏宜兴）。书中说到他的穷困和艰难，希望皇上恩准。但在没有获得准许以前，还得继续朝汝州进发；许多日后终于获得准许，但此时苏轼及其眷属已经艰难地到达南都（今河南商丘）了。他还是立即折回，往常州进发，准备在那里躬耕陇亩以度余生。

翰林学士

99

神宗驾崩，苏轼被召回京

不料，元丰八年（1085年）三月，朝廷出了大事——神宗皇帝驾崩。政局立即发生了巨大变化。年仅十岁的哲宗赵煦（xù）即位，而由他的祖母高太皇太后听政。高太后是英宗赵曙的皇后，神宗赵顼的母亲，一向反对变法。她听政之后，以恢复祖宗法度为名义，把熙宁、元丰以来所立新法一律废除；同时起用司马光、吕公著等旧党人物，把新党官员一律贬黜。高太后听政九年，是哲宗的第一个年号——元祐年间，历史上把这九年称为"元祐更化"时期。

苏轼是高太后听政后立即起用的人物之一。三月，神宗死去；五月，高太后即任命他为登州（今山东蓬莱）知州。苏轼在常州得到任命，十分感激，立即向哲宗皇帝上谢表，表示要誓死报效知遇之恩。苏轼赶到登州，上任刚刚五天，又被召还京城，先任礼部郎中（礼部为中央"六部"之一，掌管礼仪、贡举等政务；礼部一个司的主管官员称郎中）；半个月后，升为起居舍人（皇帝的侍从近臣，掌管记言，又称"右史"）；三个月后，又升为中书舍人（皇帝近臣，参与机要，掌管起草诏令）；八个月后，再升翰林学士（皇帝的顾问、秘书，掌管诏令，称为"内相"，是宰相的备选，往往由名气最高的学者担任，官阶为三品）。至此，已是苏轼做到的最高官职了。

苏轼为什么升官这么快？有一次，高太后召见，曾对他作了说明。"此先帝（神宗）意也。先帝每诵卿文章，必叹曰：'奇才！奇才！'但未及用卿耳。"这几句话，应该看作是高太后用以笼络这位翰林学士的借重之词。神宗看重的是苏轼的才学，并不欣赏他的政见，故而只是在诵读他的文章时加以称赞；高太后则不然，名曰重其才学，实是重其政见。这母子二人的着眼点是大有出入的。

尽管苏轼得到了当时最高当权者高太后的赏识与提拔，尽管他是被划归旧党之中的一位大员，但他对于元祐更化"尽废新法"却持有不同的意见。他认为新法有其所长，有其可取之处，应该实事求是地分析它的利弊得失，值得保留的，应予保留，而不能不分青红皂白地一律废除。这个原则性的意见，那些只重党派之争、权力之争的旧党人物是断然不肯采纳的。果然，在要不要废除"免役法"这个具体问题上，苏轼和司马光之间就进行了一场激烈的争辩。

"免役法"是王安石新法中的一项，其要点是把"差役"改为"雇役"。"役"的种类很多，举兵役为例来说，行"免役法"

就相当于把义务兵役制改为雇佣兵役制。做法主要是按照地区、户等，制订标准，交纳"免役钱"，用以招雇服役人员。经过论定已经推广开来。苏轼认为"免役法"可以继续推行，因为"农出谷帛以养兵，兵出性命以卫农，天下便之。使圣人复起，不能易也"。而司马光则以"免役法"使"上户"负担过重等理由，固执地一定要把它废除，根本听不进苏轼的意见。这场争辩使苏轼很生气，回到家里之后，连呼"司马牛！司马牛！"《论语》中出现过司马牛其人，也是孔门弟子，苏轼借用他的名字，对司马光的主观、固执表示不满。

"较量利害，参用所长"八个字，是苏轼对待新法的一贯态度。当初推行的时候，他不完全赞成；如今要废止了，他也有所反对。他主张要针对事情的利弊得失进行分析论证，然后决定是推行还是废止，他的态度无疑是正确的，但在当时抱着这种原则卷入党争，那就必然要导致悲剧的结局。因为围绕新法的推行和废止，北宋封建朝廷里新旧两党的营垒划分得非常清楚，"昔之君子，惟荆（王安石）是师；今之君子，惟温（司马光）是随"，也是必然的现象。苏轼不能适应这种现象，于是再次被推进了两个营垒的夹缝之中，新党把他看成旧党，旧党又把他看成新党。

一肚皮不合时宜

做了翰林学士，生活宽裕多了，政事却并不顺遂，苏轼觉得自己好像总也踩不到点子上，脑子里总有些不合拍的东西撕扯不清，有时觉得自己就是很好笑的，于是，在他的日常生活中就出现了一段富有幽默感的对话：

东坡一日退朝，食罢，扪（mén）腹徐行，顾谓侍儿曰："汝辈且道是中（肚子里）何

物?"一婢遽曰:"都是文章。"坡不以为然。又一人曰:"满腹都是机械(智谋)。"坡亦未以为当。至朝云(苏轼的妾),乃曰:"学士一肚皮,不合入时宜。"坡捧腹大笑(表示赞许,说对了,搔着痒处了)。

"一肚皮不合时宜"的典故就是从这儿流传下来的。处在尖锐的政治斗争之中,承受着沉重的思想压力,他竟然以如此轻松的方式来表达心境,来抒发郁闷。这就是"苏东坡",这就是苏东坡所独有的性格特征犹如云中神龙般的一鳞半爪式的偶然显现。

他为什么"一肚皮不合时宜"呢?归结起来可以说是由于理想与现实之间存在着不可调和的矛盾。具体地说,例如:他的"期望值"很高,而现实给他的回答却相去甚远;他外虽柔而内实刚,不肯放弃自己固有的原则,不肯俯仰趋时,不肯随波逐流;生活上相当大的适应能力与政治上非常小的适应能力形成了强烈的反差,等等。

再请外任,又见杭州

既然不合时宜,就要自己知趣。于是苏轼又拿出了熙宁初年新法开始推行时自己曾经采用过的办法——请求外任，离开朝廷。根据以往的经验，他觉得还是到地方州郡去做些实际的事情才有意义。经过一再请求，终于得到了高太后的准许，于是，从元祐四年（1089年）到元祐八年，他有先有后或长或短地出任了杭、颍（yǐng）、扬、定四州知州，元祐六年，还曾一度被召回朝廷，再任翰林学士，不过时间很短，只有五个月。

元祐四年七月，苏轼到达杭州。十五年前，他是任满通判而离开这里的，此番重来，"江山故国，所至如归"，自有一种亲切之感。在与同年（同科中举）友人莫君陈雨中同游西湖时，他想起了，自己当年所写的"白雨跳珠乱入船"的诗句，即兴吟道：

> 到处相逢是偶然，梦中相对各华颠。还来一醉西湖雨，不见跳珠十五年。

一首小诗，表达了他对杭州这个地方多年以来的深厚感情。

这一年，杭州一带遇到灾情。年初水涝，早稻未能种植；夏季干旱，晚稻难望收获。"早晚俱损，高下并伤"，"民之艰食，无甚今岁"。苏轼刚刚到任，立即申报朝廷，请求赈济，同时，把准备修葺官舍的经费用来买米，存入官仓，"先济饥殍之民，后完久坏屋宇"，应对灾情，是地方官一大职责。苏轼在这方面

已经积累了经验，他强调的是"有备无患"，要随时了解实际情况；做好充分准备。果然，第二年又遭风、涝灾害，由于准备充分，府库丰实，又渡过了难关。

大灾之后，必有大疫，这种情况也在杭州出现了。苏轼又组织防疫和医疗。他从自己的积俸中捐出黄金50两，在杭州的众安桥筹建了一座叫做安乐坊的"病坊"（医院），作为防疫治病的专门机构，同时，派人到各个居民街道送医送药。有了这些措施，获救的病人很多。

在京城和外任地间来来回回

元祐六年（1091年）三月，苏轼被召还朝廷，重任翰林学士，这是由于高太后赏识他的才学的缘故。苏轼外任杭州以后，接替他的那位翰林学士，整天抱着书本引经据典，却怎么也写不出像苏轼笔下那样的堂皇典重的制诰文字来，难以称职，只得调任。但苏轼被召回之后，见朝中情况更加复杂，自己受到的攻击更加猛烈，于是立即三番五次地上奏章，请求出京做地方官。

原来那时苏轼兄弟已被目为"蜀党"，而与之对立的则是理学家程颐、程颢（hào）兄弟的"洛党"。程颐的门生贾易竟然又捡拾起李定等人的故技，从苏轼的奏章里发掘可以诬以罪名的材料，企图制造第二次"乌台诗案"，苏轼对此非常厌烦，只想主动接受他们的排挤，离开朝廷，一走了之。他的有关奏章中，有一篇径直以《乞外补以回避贾易劄（zhá）子》为题目，已是嬉笑怒骂别开生面了。

苏轼在京五个月后，于同年八月，出知颍州（今安徽阜阳）。在颍州任上，只有半年，又被调往扬州。

苏轼很喜欢颍州，在那里的半年，过得比较愉快。这是因为：一、他的先师（已故的老师）欧阳修曾知该州，又退居该州度过了晚年；二、颍州也有一处叫做西湖的游览胜地，其风光可媲美杭州西湖；三、善作诗词歌曲的赵令畤（zhì），当时任该州签判，正好做他的下属，甚为相得。苏轼在颍州的时间虽然很短，却已经着手和赵令畤一起疏浚那里的西湖了，这也许是由于他在杭州治期有了经验、有了兴趣的缘故吧。工程未竣，即被调离。完工之后，赵令畤有诗相寄，报知情况，苏轼也曾作了和诗。

元祐七年（1092年）二月，改知扬州（今江苏扬州）。

同年八月，又被任命为兵部尚书（掌管军事的长官），召还京师。这次，苏轼在返京的路上就开始上表固辞，仍然请求外任，不愿留在朝廷。

就在这时，同年九月，朝廷里又出了大事——"元祐更化"

时期的实际最高掌权者、旧党的支持者高太后死去了。已经长大了的哲宗皇帝赵煦开始亲自主政。朝廷政局立即发生了重大变化。苏轼在仕途上的又一次厄运也随之降临了。

海角天涯

元祐八年（1093年）九月，也就是高太后死去的那个月，苏轼出为定州（今河北定县）知州。当时，哲宗刚刚亲政，朝臣的更选还没有就绪，苏轼虽然做过他的老师，但属旧党，必在罢黜之列。立即放他外任，意思就是先逐出朝廷临时安排一下，待部署妥当之后再作处置。所以，出知定州，应该看作是苏轼遭受贬谪的缓冲和前奏。

定州处于与当时的辽国交界的地区，是北宋王朝的边郡，军备最为重要，但苏轼到任之后，看到的却是将骄卒惰、散乱松弛。整顿军备，成了他的要务。当时，苏轼对自己政治前途的险恶有所预感，心情是惴惴不安的，但他还是忠于职守，认真负责地做了不少事情。首先是整顿军纪。定州驻有官军二万五千人，守将王光祖骄横散漫，苏轼凭自己的官职与威严责令他必须出场操练，他只得就范。苏轼制止克扣军饷，严格管理军用物资，修缮营房，

增添被服，这些措施使士兵的生活得到了保障，军纪也就得到整顿了。其次是加强地方武装力量。定州一带曾经是抗击辽兵入侵的战场，当地民众具有抗敌卫国的光荣传统，当年的"弓箭社"就是很有作用的民间武装。苏轼申报朝廷，对该组织进行了增补和加强。

苏轼在定州只过了半年多的光景，贬斥的诏令就来到了。

哲宗亲政，旧党不会有好日子了

哲宗亲政三个月后，逢新年，改元"绍圣"，表示要继承神宗的施政方针。新党人物弹冠相庆，旧党人物一一被贬。也有些见风使舵的人保住了乌纱，譬如：礼部侍郎杨畏，最初尊奉王安石，后来吹捧司马光；司马光死后又推荐苏辙为相，未成，转而诋毁；哲宗亲政后，又推荐章惇做宰相，竟被采纳。因其反复如此，故被称为"杨三变"。哲宗听信于这样一些人，正直如苏轼者，就不会有好日子过了。

新党人物纷纷攻击苏轼，有的要求重新审判"乌台"旧案，有的又从他的奏章中发现了新的"罪证"，而都归结到"讥斥先朝"（也就是讥斥哲宗所"绍"之"圣"）上面，罪名可就大了。于是，绍圣元年（1094年）四月，贬苏轼为英州（今广东英德）知州。未及到任，还在路途，又颁下了加重处罚的诏令；累贬建昌军司马（累计新旧过错，加在一起处罚；军，宋代的行政区划，介于县、路之间；建昌军，治所在今江西南城；司马，副职官员），惠州安置，不得签书公事。这一下，苏轼又跌回到相当于黄州时期的处境了。

被贬惠州，他依旧快乐

苏轼于同年十月到达惠州，历时两年半。这段时间，比起前几年的频繁调动来，算是比较稳定的。由于处在被"安置"的情况下，他的思想状态也和黄州时期一样，前后接续上了，佛、老又占了主导地位，能够做到超脱，达观，随遇而安。苏轼是个热爱生活的人，无论走到哪里，都能发现该地特有的风物，并从中领略生活的乐趣。惠州地处广东南部，五岭以南，靠近南海，"南国"风味十足。那里多产水果，荔枝、黄柑等更是物美价廉，所以他在惠州作的一些诗歌往往点染着果品的斑斓色彩，飘浮着果品的浓烈香气，其中最有名的是《惠州一绝》：

罗浮山下四时春，卢橘杨梅次第新。日啖（dàn）荔枝三百颗，不辞长作岭南人。

此诗题目很巧，可作双关理解：一者，这是描写惠州的一首绝句；再者，诗中所描写的荔枝是惠州堪称"一绝"的特产。读这首诗，不宜停留在口腹之欲和朵颐之快上；要看到它所反映的作者的乐观精神；甚至再探求一层，也不妨看作是对迫害者的回击，政敌量移他于岭南蛮荒之地，就是要给他制造痛苦，而他恰恰在那里得到了欢乐，整天大吃内地不可得或难得的佳果。这深一层的意思，也许有"精神胜利"之嫌，但退一步说，毕竟是一种胜利，"精神"又有何妨？

苏轼的政敌，果然容不得他有一点欢乐。他在惠州作《纵笔》诗，放纵笔墨，直抒所感，诗云：

白头萧散满霜风，小阁藤床寄病容。
报道先生春睡美，道人轻打五更钟。

写的只是日常生活中的小片段，前两句描写衰老病弱的情况，后两句说，病中休息，五更黎明时分睡得香甜，请不要打搅他吧。这首小诗传到京城，新上任的宰相章惇只注意后两句，一个"美"

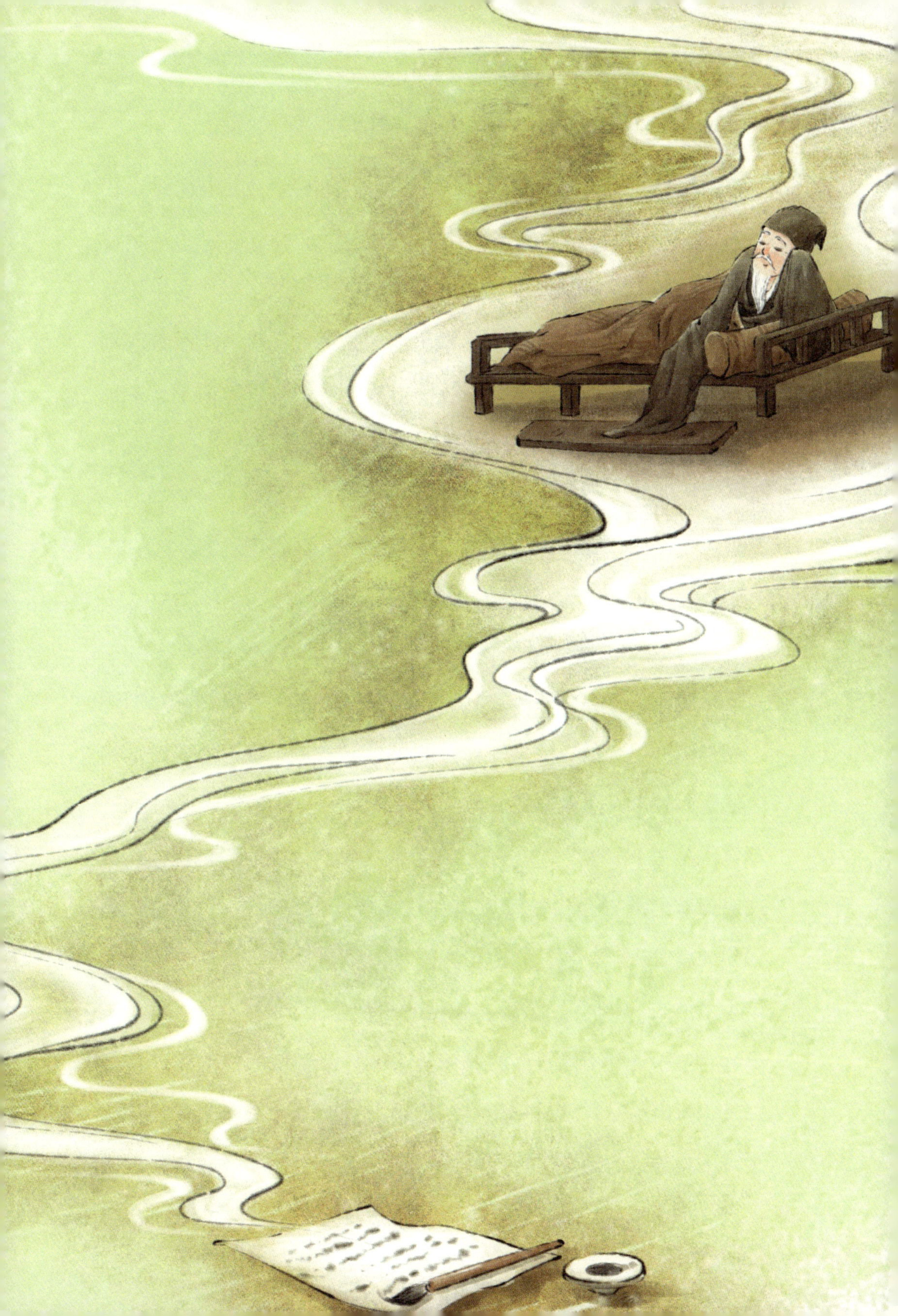

字使他感觉很不舒服，苦笑着说："苏轼尚尔（还是这般）快活？"心里盘算着怎么进一步迫害他。这位章惇，审理"乌台诗案"时曾帮苏轼说好话，如今怎么变得这么忌刻了呢？这主要是取决于皇帝的态度。从前让苏轼出狱的是神宗，皇帝定了调，别人跟着和；如今逐斥苏轼的是哲宗，皇帝换了，旨意变了，章惇才敢落井下石。

再贬，去海角天涯吧

果然，到了绍圣四年（1097年），哲宗决定再次普遍对旧党人物加重处罚，进一步迫害苏轼的机会就来了。章惇处罚政敌的时候还要加上一点戏谑的成分，从人名的字形、字音上进行嘲弄，苏轼不是字子"瞻"吗，那就安置到"儋"（dān）州去吧！这次对苏轼的处罚是：责授琼州别驾（琼州，今海南海口；别驾，知州的属官），昌化军安置（昌化军治所在今海南昌江，儋州在该军境内），不得签书公事。虚设的职衔更低了，"安置"的地点更远了——远到不能再远的海南岛去了。除了南海中的西沙群岛以外，海南岛是我国最靠南端的地区，古时称作海角天涯，认为是天下最边远的地方。把苏轼"安置"到海南岛，意味着最重的处罚和最深的忌恨；这时苏轼已经61岁，意味着没有生还内地的机会了。

苏轼决定把家眷留在惠州，只让三儿子苏过随行。他写信给一位朋友说："某垂老投荒，无复生还之望。昨与长子迈诀，已处置后事矣。今到海南，首当作棺，次当作墓，乃留手疏与诸子，死则葬海外。"当他带领苏过，从惠州启程，沿东江西行而朝海南进发时，"子孙恸哭于江边，已为死别；魑魅逢迎于海上，宁许生还"，那情景真够悲惨的。

苏轼于绍圣四年（1097年）七月到达儋州，哲宗元符三年（1100年）六月渡海北还，整整在海南岛度过了三个年头。

尽管苏轼这次"海角天涯"的加重处罚，是因惠州作《纵笔》诗之过，但到了海南之后，他仍以《纵笔》为题，一口气作了三首诗：

寂寂东坡一病翁，白须萧散满霜风。小儿误喜朱颜在，一笑那知是酒红。

父老争看乌角巾，应缘曾现宰官身。溪边古路三叉口，独立斜阳数过人。

北船不到米如珠，醉饱萧条半月无。明日东家当祭灶，只鸡斗酒定膰（fán）吾。

仍用原题，甚至仍用原句，这当是对章惇之流的一种抗争。经历了生离死别的悲痛，来到这九死蛮荒之地，他内心深处的愤激不平必然要有所发泄，而发泄的方式又有他的特点，用他的门生朋友黄庭坚的话来说，那就是"嬉笑怒骂皆为文章"（《东坡先生真赞》）。清朝人王文诰编注苏诗，作案语说，"此三首平淡之极，却有无限作用在内，未易以情景论也。"生活情景是其题材，平淡之极是其语言，那么，所谓"无限作用"就是他以"嬉笑怒骂"的方式对政敌所作的抗争了。酒红朱颜，说自己在逆境中仍能得到生活乐趣，这与在惠州所说的"春睡美"没差异；独立三岔路口，目数过往行人，这里面包含着冷眼观世看君能到几时之意；祭灶，则是送君升天，鸡酒为庆。前人评论这三首诗，已经说它"含情不尽""语妙天下"，我们作如此理解，也不致被误认为穿凿附会，历代读者都会从嬉笑怒骂中看到苏轼的傲岸和倔强（jiàng）。

在另一首题作《儋耳山》的小诗里，苏轼则用比喻象征的手法发泄了内心深处的郁愤不平：

突兀（wù）隘空虚，他山总不如。君看道旁石，尽是补天余！

从山脚下抬头望去，突兀的山石镶嵌在云隙之中，这不就像是神话故事里的女娲补天吗？而山下道旁那些石头，却没有补天的幸运，成为剩余的丢弃之物了。诗的含义很清楚，可以引发出来的问题也很多，诸如：它们是"无才可去补苍天"吗？它们为什么被弃在道旁呢？等等。类似的问题都是可以让人去深入思考的。

海南的生活日常

苏轼在海南的生活是很艰苦的。当地属亚热带气候，有海风浪涛，有瘴疠之气，内地去的人很难适应那一方水土。可是苏轼却硬是闯了过来，这除了需要顽强的精神和毅力之外，也还要有具体的办法。苏轼一向注意养生之道，还从道书上学得了引气（相当于今之所谓气功）之类的功夫。来到海南以后，他结合当地的情况，加以体察试验，终于摸索出了日常生活中易行而有效的保健措施，那就是："旦起理发"（梳理发根，以篦触摩头皮）；"午窗坐睡"（盘膝闭目而坐，身心两忘，非梦非觉）；"夜卧濯（zhuó）足"（瓦盆盛水宜深，冷暖调节适当，濯洗至膝）。对于这三项，苏轼作《谪居三适》诗，分别作了描述。诗题中的

"适"字用得适当，既有适应的意思，也有舒适、闲适的意思。直到今天，从卫生保健的意义上讲，每天早、午、晚做到这三条，仍然是强身祛病的良方。

苏轼到了海南以后，生活能够适应过来，安定下来，还要感谢当时在任的儋州知州张中的关照。初到之时，张中请他暂住官舍，并准备帮他修建住房。但他不愿过多地仰仗朋友，而是要借地躬耕自食其力，仍像当年在黄州东坡那样。他作了一首《籴（dí）米》诗，以表明自己的态度和愿望。

籴米买束薪，百物资之市。不缘耕樵得，饱食殊少味。再拜请邦君，愿受一廛（chán）地。

知非笑昨梦，食力免内愧。春秧几时花，夏稗（bài）忽已穗。怅焉抚耒耜（lěi sì），谁复识此意！

不是自己的劳动所获，吃起来没有滋味；自食其力，才可以免除内心的愧疚。道理非常质朴，很有普遍意义，读来发人深省，而诗歌的语言风格已经和陶渊明的作品非常相似了。诗里提到借田的事，大概没能实现。朝廷派官员来到海南察访时，苏轼被逐出官舍，张中大概也是因此而被调离海南的。

就像当初在黄州修筑"雪堂"一样，苏轼在海南也修筑了自己的住处——"桄榔（guāng láng）庵"。一看到"桄榔"二字，我们便联想到那由椰树、沙滩、蓝天、碧海所构成的，具有独特的诗情画意的"海南风光"。

与海南人民打成一片

桄榔庵位于儋州城外南郊，是一座五椽的茅屋，是在当地民众的大力帮助之下，苏轼参与劳动亲手修筑起来的。"借我三亩地，结茅为子邻。鴃（jué）舌尚可学，化为黎母民。"有了自己的茅屋，苏轼在海南总算安定下来了，他与当地人结邻，学习当地方言，觉得自己好像变成当地的黎族人了。

在这里，苏轼和海南黎族人民建立了亲密的关系。黎族是我国民族大家庭中的重要成员之一。古时候，黎族同胞大都居住在海南岛，与汉族人民杂居共处的历史是相当悠久的。宋朝时候，黎人与汉人同化的情况已经非常明显了，南宋人周去非所著《岭外代答》一书中记载："黎人半能汉语，十百为群，变服入州县墟市，人莫辨焉。日将晚，或吹牛角为声，则纷纷聚会，结队而归，始知其为黎也。"但是，封建时代的汉族统治者对黎族人民的压迫、剥削，也曾激起他们的反抗，历史上民族之间的矛盾与

隔阂也是必然存在的。苏轼到了海南，与黎族同胞接触很多，相处很好！这是因为他对黎族同胞思想认识正确。他在"和陶诗"《劝农》一首中写道：

咨（zī）尔汉黎，均是一民，鄙夷不训，夫岂是真。怨愤劫质，寻戈相因，欺谩莫诉，曲自我人。

意思是说，黎族与汉族，本是一样的人民百姓，汉人轻视黎人，黎人敌视汉人，都是不对的。过去出现的怨愤，长期沿袭的不和睦，究其原因，还应该是我们汉人的过错。苏轼能有这样的认识是很不简单的，因为从古以来的所谓"华夷之辨"，恐怕都是一些"大汉族主义"的东西，难得像苏轼这样懂得应该尊重兄弟民族。

苏轼在与黎族同胞的交往中，彼此建立起了深厚的友谊，最突出的当属他与黎子云、黎子威兄弟的关系。黎氏兄弟是黎族，汉文水平很高，经常向苏轼请教诗文。有一次，苏轼带了酒到黎家参加聚饮，宾朋满座，主客都非常高兴。于是议定集资建屋，用作聚会以及读书、教学的场所，就用汉儒扬雄"载酒问字"的典故，取名"载酒堂"。建成之后，堂上"书声朗朗，弦歌四起"，不少黎族子弟前来就学。共同开发文化，兴办教育，苏轼与黎氏兄弟的交谊又比一般的诗酒文会有意义多了。

他是海南的文化播种机

在培养、启迪青年人成才方面,苏轼有他的独特做法。儋州有个名叫姜唐佐的年轻人,读书用功,资质也好,苏轼看出他有培养前途,就在扇子上题了两句诗:"沧海何曾断地脉,珠崖从此破天荒。"某个州郡第一次有人中举,叫做"破天荒"。写这样两句,是鼓励姜唐佐,让他争取考中的意思,并且对他说:"异日登科,当为子成此篇。"将来考中了,就把这两句用上,写成一首完整的七言律诗送给他。姜唐佐果然不负厚望,于徽宗大观三年(1109年)考中进士,终于破了天荒,海南的历史上出现了第一名进士。可是他带着扇子去拜访老师的时候,他还不知道,苏轼早在七年之前已经故去了!苏辙接待了这新科进士,并且流着眼泪替他已死的哥哥完成了一首七律:

生长茅间有异芳,风流稷下古诸姜。适从琼莞(guǎn)鱼龙窟,秀出羊城翰墨场。沧海何曾断地脉,珠崖从此破天荒。锦衣不日千人看,始信东坡眼力长。

苏轼在海南的时候，还有一次去访黎子云，途中遇雨，他就向一户黎族农民家里借来一顶箬笠（ruò lì，竹编阔檐圆帽）和一双木屐（jī，高齿木板拖鞋），戴笠着屐而行。这副黎家农民的打扮使苏轼的样子显得很古怪，引得一群妇女小孩相随拍手指画而笑，同时，村子里的狗也跟着叫了起来。苏轼自己也笑着说："笑所怪也，吠（fèi）所怪也。"这个融洽欢乐的场面太有意思了，应该把它画下来，留作永久的纪念。果然，后来有一位名叫周少隐的画家就画了一幅《坡仙笠屐图》，明朝初年的著名文人宋濂又在画上写了题记，清朝人把它摹刻上石，流传的拓本就比较多了。针对这幅画，宋濂赞赏苏轼的"潇洒出尘"，而我们却赞赏他与海南民众打成一片、亲如一家的平易作风。

随遇而安，所在为家，"不知何处是他乡"。在苏轼几十年的宦游和贬谪的坎坷经历中，这种情况已是习以为常的了。可是对海南，他却另有一番热情，生活得更为积极，感情也更为深厚。他甚至把海南看作自己的故乡，"我本儋耳人，寄生西蜀州"，"他年谁作舆地志，海南万里真吾乡"，类似的诗句反复出现，并不是敷衍应酬之词。

元符三年（1100年）正月，哲宗皇帝死去，他没有儿子，由他的弟弟端王赵佶继位，即北宋的末代皇帝徽宗。在哲、徽尚未

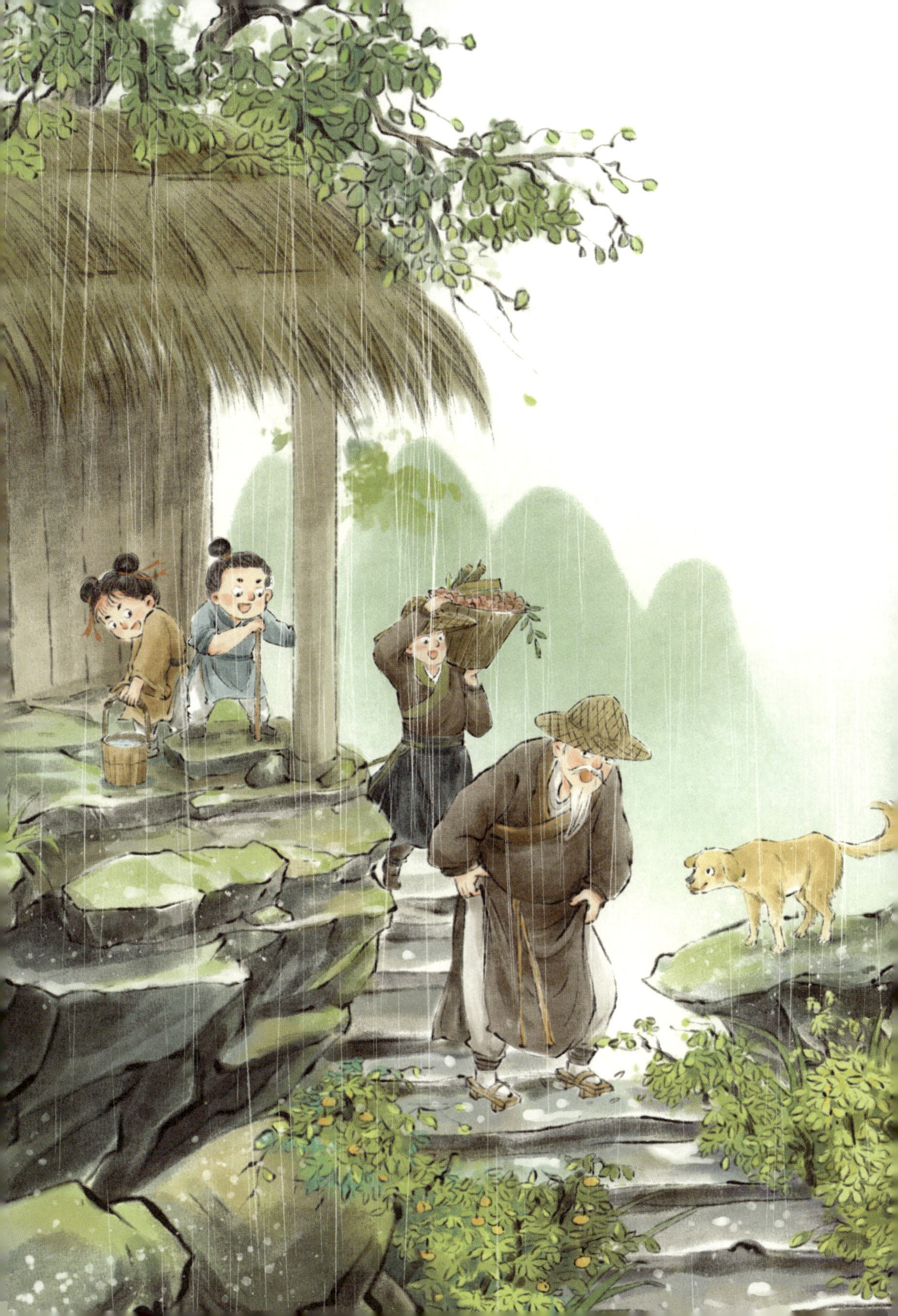

衔接的半年时间里，由神宗的皇后、哲宗的母亲向太后听政。向太后对元祐老臣多有回护，苏轼的命运也有所好转。

五月，得到了内迁廉州（今广西合浦）的诏令。苏轼虽然不是日夜企盼回归内地，并且在海南生活得充实、愉快，但这仍然应该看作是好消息，因为这是新皇帝（实是向太后）的垂顾，这对于一个前朝的逐斥之臣来说，还可以觉得有几分光彩呢！内迁跟量移差不多，廉州虽也远离京城，但毕竟是迁往内地了。

渡海北归

六月二十日，苏轼渡海北还，作了一首七言律诗《六月二十日夜渡海》：

参（shēn）横斗转欲三更，苦雨终风也解晴。云散月明谁点缀，天容海色本澄清。空余鲁叟乘桴（fú）意，粗识轩辕奏乐声。九死南荒吾不恨，兹游奇绝冠平生。

前两句是说，星动斗移，风雨转晴，用以比喻自己处境好转，熬到了出头之日。参、斗，是天上的星宿。苦雨，连绵不断的令人生厌的雨；终风，终日不停的令人腻烦的风。三、四句描写天空与大海的景色。驱散了乌云，明月格外耀眼，天空格外晴朗，而反让人觉得仿佛是缺少了一些什么点缀，其实呢，不必感到有什么欠缺，天空的容貌、大海的颜色本来就是万里澄清的嘛！这两句的比喻象征也很清楚，概括起来说，不外乎"吾皇圣明"四个字。五、六句用典故，说的倒不是"臣罪当诛"，不过是"才疏学浅"而已。鲁叟，鲁国的老头儿，指孔子。他曾说过："道不行，乘桴浮于海。"（《论语·公冶长》）意思是说，如果我信奉的"道"（政治主张）得不到推行，那么，我就要乘一只筏子到大海以外去寻求出路了。孔子还曾表示，自己要居住到九夷（少数民族）所在的边远地区去，有人说，那种地方太鄙陋了，孔子反驳说，"君子居之，何陋之有！"（《论语·子罕》）意思是说，君子住到了九夷之地，可以施行教化，怎么能说鄙陋呢！苏轼到了海南岛，跟黎族人住在一起，正是浮海而居九夷，用得上孔子的典故——"鲁叟乘桴意"，但是他必须加上"空余"两个字，说自己做不到孔子提出的要求，才算得体，不然就太狂傲了。轩辕，指黄帝，相传为华夏（汉族）的始祖。《庄子·天运》："黄帝张咸池之乐于洞庭之野。"是说黄帝曾经把咸池之乐（代表中原文化）扩展到洞庭湖一带地区。苏轼说自己虽然到了海南，却不能像黄帝那样把中原文化传播过去，故而在诗句的开头用了

"粗识"二字。把用典故写成的五、六两句合起来看，苏轼不正是说自己"才疏学浅"吗？对于最后两句，论者一致赞赏，说它表现了苏轼的坚强与乐观，把九死一生、三年之长的"安置"在海南蛮荒之地的苦难生活，看成是既奇且绝的自己平生最感畅快的一次游历。这么讲，并不错。但是，联系全诗，再作深一步的探究呢？恐怕也含有向皇帝承认"错误"，表示自己虽然吃了不少苦头，但能"正确"对待，绝无怨怼（duì）之心的意思。这首渡海北归的诗，可以和《别黄州》那首合起来，比照参考阅读，因为两首诗的背景情况是类似的。从苏轼的生平经历和诗歌创作中，我们不难感到，生活在中国古代的像他那样的知识分子，"做人"真是太难了，"做诗"恐怕也会有不少难言之隐。对于他的诗，过于深求也许会失之偏颇，好在古贤早有"诗无达诂（定解）"之论，此中是非，读者诸君自会作出取舍。

苏轼离开海南时，已是65岁的老人了！

七月四日，到达廉州。海外生还，如同隔世。见到朋友，感慨良多。有诗句写道："见君合浦如梦寐，挽须握手俱浣（wán）澜。"情真意切，令人不禁唏嘘。刚刚在廉州过了一个月，又改永州（今湖南永州）安置，于是，八月二十九日离开廉州，经梧州、广州、英州，朝永州进发。十一月经过英州的时候，又有了新的变化，旨意是，"复朝奉郎"（恢复官衔，朝奉郎为谏官），这仍然是虚衔，不过"复"字很重要，与以前的"责"不同了；"提举成都玉局观"（提举，主管特种事务之官员，玉局观是成都的一个著名的道观，张道陵得道之所），这仍是虚职；"在外州军任便居住"（在京城以外的各州、各军，随便居住），这一条最重要，等于解除管制了。这回，苏轼真的高兴了，"剑关西望七千里，乘兴真为玉局游"的诗句表达了他当时的心情；从英州西望进入四川境界的剑门关，山高水远，有七千里之遥，不过，倒想带着御赐的虚职，真的到玉局观去游赏一番呢！

病逝常州

可以随便找地方居住了，究竟在哪里安家呢？经过反复考虑，最后还是选定了常州，因为苏轼在常州所属的宜兴有一点田产。可是等他回到常州初步安定下来的时候，已是徽宗建中靖国元年（1101年）的六月中旬了。

从上一年六月渡海北还到目前抵达常州，整整一年的时间一直在路途上各处周折，已经使他疲惫不堪，一到常州就病倒，没有再起。

建中靖国元年七月二十八日，一代文豪苏轼，因病不治，卒

于常州！终年66岁。

"吴越之民，相与哭于市，其君子，相与吊于家；讣闻四方，无贤愚皆咨嗟出涕；太学之士数百人，相率饭僧惠林佛舍。"苏轼死后的哀荣，无须一一叙述。

苏东坡去了！他留给后世的是什么呢？用他的话说，"雪泥鸿爪"是些什么？文集七十三卷、诗集五十卷、乐府（词）集三卷，书帖若干帧，画幅若干卷，这些都是看得见的；他的足迹、他的手泽，遗闻轶事，民间传说，都是可以搜寻的；道德、人品、精神、气质、才华、风度、机锋、禅悟，也是可以意会的。但是，我们总觉得这些还不够，似乎还有很多东西是我们更加难以把握的。我国几千年的文化历史上，还没有一个人像苏东坡知识这么广博，这么深邃，几乎所有的文化领域都与他有着密切的关联。儒术、佛学、道经、政治、法律、经济、诗词、书法、绘画，这些都不必说了，此外诸如：农事、水利、园林、建筑、医药、养生、酿酒、品茶、烹饪、服饰、器用、文玩、花草、盆景……很难数得清楚，我们只好总起来说一句：苏东坡是中国文化的"太极"。然而，对于苏东坡的世界，直到今天，我们又了解了多少呢？回到原来的问题上，最后，我们又只能说：苏东坡给我们留下的是——一个中国文化之谜。